1년 안에 끝내는 엄마표 영어

초3 전에
파닉스 떼고
챕터북 읽기

1년 안에 끝내는 엄마표 영어

초3 전에
파닉스 떼고
챕터북 읽기

정진현 지음

머리글

공교육에서 영어가 시작되는 초등 3학년이 되기 전에 영어를 시작해야 하는 이유

아이가 초등학교에 입학하게 되면 부모로서 만감이 교차합니다. 우리 아이가 언제 이렇게 자랐나 싶어 감격스럽다가도 앞으로 아이의 교과 교육을 어떻게 해나가야 할지 고민이 됩니다. 그중에서도 영어는 부모에게 가장 큰 고민을 안겨주는 과목입니다. 집에서 아이와 함께 시작해보려니 어디서부터 어떻게 해야 할지 막막하기도 하고, 뒤늦게 학원을 보내자니 아이에게 딱 맞는 클래스를 찾기도 힘듭니다. 심지어 파닉스 학습이 되어 있지 않으면 들어가기 힘든 학원도 있습니다.

공교육에서는 초등 3학년에 영어 교육이 시작되지만, 이때 아이들의 영어 실력은 이미 천차만별입니다. 어릴 때부터 엄마표 영어나 영어 유치원 등을 통해 영어 인풋(input)이 상당히 쌓인 아이들도 있고, 영어라고는 유치원 때 배운 ABC가 전부인 아이도 있습니다. 영어만큼 이렇게 아이들의 편차가 큰 과목도 없을 겁니다. 저는 개인적으로 영어를 비롯한 모든 언어는 일찍 시작하는 것이 좋다고 생각하고 또 그렇게 아이들을 교육해왔습니다. 어릴수록 학습보다 습득으로 즐겁게 언어를 배울 수 있기 때문입니다.

하지만 그렇다고 해서 그동안 영어 교육에 신경을 많이 쓰지 못했던 것에 조급함을 느낄 필요는 없습니다. 우리는 선택에 따른 기회비용을 생각해보아야 합니다. 일찍 영어를 시작하지 않은 대신 우리 아이는 우리말 책을 마음껏 읽었을 수도 있고 밖에서 즐겁게 뛰어놀았을 수도 있습니다. 모두 아이를 성장시킨 가치 있는 시간이며 그것 역시 앞으로 영어를 배워나가는 과정에서 도움이 되는 경험입니다. 그러니 그동안 우리가 걸어온 길에 대해서 후회나 자책을 할 필요는 전혀 없습니다.

무엇보다 초등 3학년을 앞둔 지금은 영어를 빠르고 효과적으로 배워나갈 수 있는 최적의 시기입니다. 아이들은 유아기 때보다 훨씬 더 구조화된 사고가 가능해졌고 우리말을 읽고 쓰며 언어에 대한 이해력도 높아져 영어를 받아들이는 것이 수월해졌습니다. 또 이제는 어느 정도 학습이 가능한 나이가 되었기 때문에 학습과 습득의 효과를 동시에 노릴 수 있습니다. 그동안 신경 쓰지 못한 것을 충분히 만회할 기회인 셈입니다.

이 책은 초등 3학년이 되기 전에 약 1년이라는 기간 동안 집중적으로 영어 인풋을 쌓는 과정을 안내하고 있습니다. 영어의 문자와 소리에 익숙해지는 준비 과정을 거쳐 하루 3시간씩 집중적으로 책 읽기와 영상보기를 실천하는 본 과정까지,

챕터북 진입이라는 목표를 위해 최대한 '많이' 그리고 '효과적으로' 영어를 쏟아부을 방법을 제시하고 있습니다. 쉽지 않은 여정이 되겠지만 지금 이 시기를 놓치지 않는 것이 아이의 앞으로의 영어 학습 과정에서 매우 중요합니다.

우선 학교에서 영어 수업이 시작되는 초등 3학년이 되기 전에 간단한 영어 문장을 보고 읽을 수는 있어야 학교 수업에 안정적으로 안착할 수 있습니다. 집에서든 학원에서든 영어를 따로 배워나가더라도 기본적으로는 학교 수업에서 자리 잡는 것이 아이의 자기효능감(self-efficacy)과 자신감을 기르는 데 매우 중요하기 때문입니다. 또한 지금이 아이가 성인이 되기 전에 영어를 습득으로 즐겁게 배울 수 있는 마지막 시기입니다. 이 시기가 지나면 영어에 충분한 시간을 쏟을 여유가 없으니 지금 이 시기를 놓치지 않아야 합니다.

《초3 전에 파닉스 떼고 챕터북 읽기》에서는 그동안 아이의 영어 교육을 어떻게 해야 할지 몰라서 막막했던 부모님을 위해 초등 저학년이라는 특성에 맞는 영어 학습 방법을 제시하고 있습니다. 어떤 학습이 필수인지, 어떤 교재를 사용해야 하는지, 어떤 책과 영상을 활용해야 하는지를 최대한 구체적으로 담고자 했습니다. 물론 이 길만이 정답인 것은 아닙니다. 이 책에서 제시한 방법과 자료 외에도 아이의 성향에 맞게 활용 가능한 자료들이 수없이 많이 있을 것입니다. 하지만 짧다면 짧은 1년이라는 시간 동안 선택의 고민을 최대한 줄이고 영어 인풋 쌓기에 집중할 수 있도록 가장 대표적이면서도 효과적인 노하우를 담았습니다.

철학자이자 《젊은 베르테르의 슬픔》의 작가인 괴테는 "인생은 속도가 아니라 방향이다(Life is not speed but direction)."라는 명언을 남겼습니다. 영어 역시 속도보다 영어 학습의 방향을 신경 써야 합니다. 단기적으로는 빠르게 챕터북 읽기에 진입하는 것이 목표이지만 장기적으로는 영어책 읽기와 영상보기가 아이에게 습관으로 자리 잡는 것을 목표로 삼아야 합니다. 지금은 아이가 영어를 배워 나가는 긴 과정의 시작일 뿐입니다. 영어가 습관이자 일상이 되면 영어에 필요한 절대량을 자연스럽게 채울 수 있고 어느 순간 언어에 구애받지 않고 그 안에 담긴 콘텐츠를 즐길 수 있게 될 것입니다.

이 책을 쓰며 부모의 역할이 무엇인지에 대해 다시 한번 생각해보았습니다. 어린 시절은 한 사람의 밑바탕이 되지만 아직 어린아이가 무언가를 혼자 스스로 해내기에는 어려운 시기이기도 합니다. 부모로서 우리는 아이의 인생에 필요한 밑그림을 그려주어야 합니다. 그럼 아이는 자라면서 그것을 자유롭게 색칠해나갈 것입니다. 부디 이 책을 통해 초등 저학년 아이를 둔 부모들이 아이의 영어 밑바탕을 탄탄하게 그려줄 수 있기를 바랍니다.

마지막으로 한 출판사의 대표이자 초등 자녀의 학부모로서 원고에 대해 아낌없는 조언과 격려를 해주신 소울하우스 박현주 대표님께 진심으로 감사드립니다.

정진현

차례

머리글 4

Part 1
초3을 앞둔 우리 아이, 어떻게 영어를 시작해야 할까?

chapter 1
마음가짐 다지기

01. 이제는 '진짜' 시작해야 할 때입니다	17
02. 우리 아이 영어 교육의 최종 목표	26
03. 초3 영어 교과의 특징	32
04. 초3을 앞둔 우리 아이, 엄마표 영어의 방향	40
01_충분한 시간 확보	41
02_준비 과정(2개월)	44
① 영어 문자에 익숙해지기	45
② 영어 소리에 익숙해지기	46
03_본 과정(10개월)	47
① 그림책, 리더스북 읽기 1시간	47
② 텍스트 보며 듣기(집중듣기) 1시간	48
③ 텍스트 없이 듣기(흘려듣기) 1시간	48

chapter 2
준비 과정 : 알파벳, 파닉스부터 그림책 읽기까지

01. 알파벳 익히기   51
    01_알파벳의 음가와 대소문자 형태 익히기   52
    02_단어에서 알파벳의 활용 익히기   54
    추천 알파벳북   55
    추천 알파벳 소개 영상   56

02. 파닉스 익히기   57
    01_적합한 파닉스 교재 선택하기   60
    02_기본적인 파닉스 규칙 이해하기   63
      ① 단자음 중 문자와 소리가 규칙적으로 대응하는 자음   64
      ② 단자음 중 문자와 소리가 불규칙적으로 대응하는 자음   65
      ③ 단모음과 장모음   67
      ④ 각운(rhyme)   69
      ⑤ 반자음(반모음)   72
      ⑥ 혼성자음   73
      ⑦ 이중자음   75
      ⑧ 이중모음   76
    추천 파닉스 그림책   78
    디코더블 리더스북   79
    영어사전   80
    추천 파닉스 영상   82

03. 듣기의 기본이 되는 영상보기　　　　　84
　01_영상으로 흘려듣기　　　　　　　　　　85
　02_어떤 영상이 준비 단계에 적합할까?　　　89
　03_아이가 좋아하는 영상 발견하기　　　　91
　04_영상 플랫폼 선택하기　　　　　　　　93
　　① 유튜브　　　　　　　　　　　　　　93
　　② DVD　　　　　　　　　　　　　　　95
　　③ 유튜브 키즈　　　　　　　　　　　　96
　　④ 넷플릭스　　　　　　　　　　　　　97
　　⑤ 디즈니플러스(Disney+)　　　　　　　98
　　⑥ 쿠팡플레이　　　　　　　　　　　　100
　　준비 과정용 추천 영상　　　　　　　　103

04. 영어책 읽기　　　　　　　　　　　　112
　1단계. 책 읽어주기　　　　　　　　　　　112
　2단계. 함께 읽기　　　　　　　　　　　　115
　어떤 책을 읽으면 좋을까?　　　　　　　　118
　준비 과정용 추천 그림책　　　　　　　　122
　영어 그림책 구하는 방법　　　　　　　　128

Part 2

영어 인풋을 확실히 늘리는 방법

chapter 3

본 과정 : 읽기 인풋 쌓기

01. 읽기 인풋의 중요성   137
02. 리더스북으로 충분한 읽기 인풋 쌓기   143
    01_그림책 같은 리더스북   144
    추천 그림책 같은 리더스북   146
    02_첫 시작으로 좋은 Oxford Reading Tree(ORT)   148
    ORT 200% 활용 팁   151
    03_I Can Read!   152
    04_Ready-to-Read   154
    추천 그림책 시리즈   156
03. 읽기 인풋을 강화하는 방법 - 낭독   162
    01_영어 자신감을 키우는 낭독   162
    02_낭독으로 영어 인풋 쌓기   165
    03_효과적인 낭독 방법   166
04. 영어책 읽기를 돕는 사이트 워드   170
    01_사이트 워드 목록   172
    02_사이트 워드 학습법   176

chapter 4
본 과정 : 듣기 인풋 쌓기

01. 영어 듣기의 두 가지 방향   181
    01_상향식(bottom-up) 듣기 : 집중듣기   182
    02_하향식(top-down) 듣기 : 흘려듣기   183

02. 텍스트 보며 듣기(집중듣기) 1시간   185
    01_효과적인 집중듣기를 하려면?   187
    02_집중듣기용 콘텐츠   189
    03_집중듣기 플랫폼 선택하기   192
      ① 리틀팍스(Little Fox)   192
      ② epic!   193
      ③ 라즈키즈(Raz-Kids) 코리아   195
      ④ ORT 퓨처팩   196

03. 텍스트 없이 듣기(흘려듣기) 1시간   198
    01_흘려듣기의 효과   199
    02_흘려듣기 방법   200
    03_어떤 영상을 보여줘야 할까?   203
    흘려듣기 좋은 애니메이션   204
    그 외에 흘려듣기 좋은 프로그램   212

chapter 5
1년 후, 챕터북 읽기

01. 챕터북 진입을 위한 얼리 챕터북   219
    어떤 얼리 챕터북을 골라야 할까?   224
    추천 얼리 챕터북   225

02. 정독에서 다독으로   232
    추천 챕터북   236

03. 리딩 레벨 이해하기   240
    01_AR 지수   241
    02_렉사일(Lexile) 지수   243

04. 미디어 리터러시 키우기   247
    미디어 리터러시를 기를 때 도움이 되는 도구   252

05. 초등 고학년 : 어휘 학습과 논픽션 읽기   254
    01_어휘력 늘리기   254
    02_논픽션 읽기   257

부록. 초등과정 권장 기본 어휘 800개(교육부, 2015)

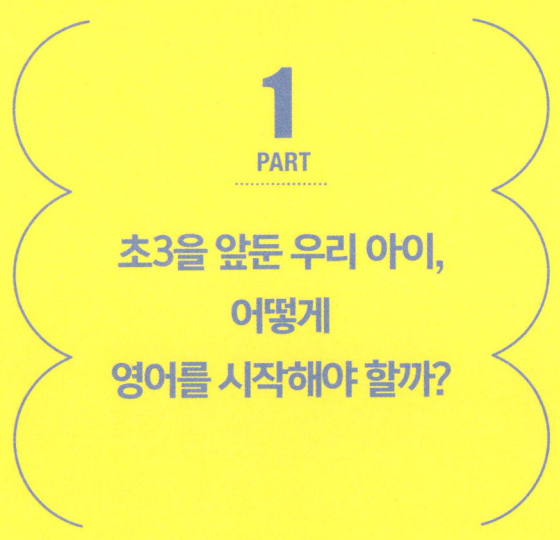

PART 1

초3을 앞둔 우리 아이, 어떻게 영어를 시작해야 할까?

초3을 앞두고 있으니 유아 때 하는 엄마표 영어와는 방법이 달라야 한다. 충분한 영어 학습 시간을 확보하는 것이 우선이다. 2개월 동안 알파벳과 파닉스를 간단히 떼고 영상보기와 그림책 읽기로 워밍업을 하도록 하자.

chapter 1

마음가짐 다지기

이제는 '진짜' 시작해야 할 때입니다

아이 영어 교육에 대한 고민은 끝이 없습니다. 특히 몇 차례, 가장 고민에 빠지게 하는 시기가 있지요. 각 시기별로 항상 영어에 대한 고민을 하지만 고민의 주제는 조금 다릅니다. 첫 번째는 3세 전후, '영어 교육을 조기에 시작할 것인가 말 것인가?' 두 번째는 5세 전, '영어 유치원에 보낼 것인가 말 것인가?' 그리고 초3을 앞둔 8~9세 때 '앞으로 영어 교육을 어떻게 해야 할 것인가?' 이 책은 바로 마지막, 초3을 앞둔 아이를 둔 부모님의 고민을 해결하기 위한 내용입니다.

이 시기 아이들의 영어 실력은 천차만별입니다. 이미 어릴 때부터 엄마표로든 사교육으로든 영어 인풋(input)이 상당히 쌓인 아이들도 있고, 능숙하진 못하지만 그래도 어느 정도 영어 그림책을 읽을 수 있는 아이들도 있지요. 그리고 이제 정말 알파벳부터 시작하는 아이들도 있습니다.

국어나 수학 교과와는 달리 영어는 각 가정의 교육 방침이나 노출 상황에 따라 수준의 편차가 매우 큽니다. 엄마표 영어를 시도하다가 뜻대로 되지 않아 금방 접었을 수도 있고, 영어 공부보다는 놀이나 체험 등 다른 영역에 더 신경을 써주고 싶은 엄마·아빠의 교육 철학에 따라 영어를 일찍 시작하지 않았을 수도 있어요. 어떤 길을 선택하든 그건 그 가정의 선택이었지요.

하지만 아이가 여덟 살, 아홉 살이 된 지금, 이제는 고민하고 선택해야 하는 시기는 지났습니다. 우리 아이의 영어를 '진짜' 시작해야 하는 시점이 온 것입니다. 초3을 앞둔 지금은 더는 영어를 미룰 수도 없고 미뤄서도 안 됩니다.

'데드라인 스케줄링'이란 말을 들어보신 적 있으신가요? 이것은 정보 통신용어로, 실시간 시스템에서는 입력된 작업을 반드시 데드라인 안에 마쳐야 하기 때문에 작업을 실행할 때 시간과 우선순위를 고려하는 것을 말합니다. 즉 작업마다 주어진 시간과 우선순위가 다르므로 그 속에서 더 중요하고 급한 작업을 먼저 실행할 수 있도록 하는 것이죠. 우리 아이들은 이제 초3이라는 데드라인을 앞두고 있어요. 영어는 그전에 반드시 실행해야 하는 주요 작업이고요. 데드라인 전까지의 지금 이 시간을 헛되이 보내지 않도록 해야 합니다.

초등학교 3학년은 학교에서 영어 교육이 시작됩니다. 일주일에 2시간씩 수업시간에 영어를 배우기 시작하지요. 사실 초3은 영어뿐만 아니라 다른 과목에 있어서도 굉장히 중요한 시기입니다. 교과목 수도 늘어나고, 1, 2학년에 비해 배우는 내용도 어려워지지요. 초등 저학년이 유치원을 졸업하고 학교에 적응하는 시기였다면 초3부터는 본격적으로 무언가를 '배워야 하는' 시기입니다. 그중에서도 영어는 그동안 학교에서 배우지 않았던 새로운 교과목입니다. 어느 정도 선행이 이루어진 아이라면 몰라도 어린이집이나 유치원에서 재미로 배웠던 영어 수업 이후에 손을 놓고 있었던 아이라면 당연히 어려워할 수밖에 없습니다.

게다가 영어 교과서는 초3에 처음 마주하는 것 치고는 굉장히 '배려가 없는' 편입니다. 대부분의 영어 교과서가 바로 자기소개부터 시작합니다. 알파벳 대소문자 쓰기를 조금씩 연습하는 내용이 있기는 하지만 파닉스를 따로 익힐 수 있는 부분도 거의 없습니다. 그도 그럴 것이 수업 시수에 비해 다루어야 할 내용이 많아서 기초부터 차근차근 해나갈 시간적 여유가 부족하기 때문입니다. 그래서 어느 정도 영어 선행을 한 아이들이라면 학교에서 배우는 영어가 너무 쉬워서 재미없는 반면 알파벳도 모르는 아이들에게는 교과서의 제목을 읽는 것도 힘듭니다. 어느 쪽이든, 학교 수업만으로 영어를 배우기엔 부족한 부분이 많습니다.

그러니 아이가 초3을 앞두고 있다면 부모의 도움이 절대적으로 필요합니다. 일단 읽을 수는 있어야 합니다. 알파벳 이름이나 음가를 익히는 정도가 아니라 단어나 문장을 어느 정도 보고 읽을 수 있는 수준으로요. 특히 어릴 때부터 영어를 따로 하지 않았다면 파닉스를 떼고 어느 정도 리딩 스킬을 길러두어야 학교 수업이 훨씬 편하게 다가올 것입니다. 이 책에서는 바로 그 초3이 되기 전에 영어에 흥미를 느끼고 적당한 리딩 스킬을 익힐 수 있는 엄마표 영어 방법을 안내합니다.

아이가 어느 정도 기본 실력을 쌓아 학교 영어 수업에서 자신감을 가지는 것은 매우 중요합니다. 이건 아이의 '자기효능감(self-efficacy)'과 관계있습니다. 자기효능감은 자신이 어떤 과제를 성공적으로 수행할 수 있다고 믿는 마음으로, 학습을 성공적으로 이끄는 가장 좋은 도구입니다. 그동안의 학습 경험을 바탕으로 '내가 그래도 영어를 좀 하지.'라는 인식이 있으면 앞으로 수년간 지속할 영어 학습에 긍정적인 태도를 가지고 의욕적으로 임할 수 있습니다.

반대로, 영어에 대한 자기효능감이 없다면 영어를 접할 때마다 자신감이 부족한 모습을 보이고, 어려운 과제는 시작도 하기 전에 포기하게 됩니다. 수

학에서도 초등 2학년 때 구구단을 제대로 익히지 않고 연산의 기본기가 닦이지 않은 아이들이 초등 고학년이 되어 흔히 말하는 수포자가 되는 이유도 바로 이 때문입니다. 실제로 많은 연구에서 자기효능감이 높은 학생들이 학업 수행에 더 성공적인 결과를 나타냈고, 미국의 심리학자인 앨버트 반두라(Albert Bandura) 역시 자기효능감이 높을수록 어려운 과제도 피하지 않고 끝까지 해내기 위한 노력을 한다고 밝혔습니다.

이러한 자기효능감 형성에 가장 큰 영향을 주는 것 중 하나가 바로 '성공의 경험'입니다. 영어를 배우는 과정에서 성공적으로 잘 해낸 경험이 영어에 대한 자기효능감을 만들어주는 것이죠. 그러기 위해서는 쉬운 내용부터 차근차근 성공의 경험을 쌓아주는 것이 필요합니다. 지금이 바로 그런 경험을 쌓을 수 있는 결정적 시기고요.

반면 영어 실력이 어느 정도 있는 아이라면 계속해서 실력을 향상해야 합니다. 부모님이 영어 교과서를 살펴보시면 알겠지만 초등 3학년 아이들 영어 교과서에는 챕터별로 간단한 단어나 짧은 문장 한두 개가 나옵니다. 지문은 다 한국어로 되어 있고요. 이 정도 수준이면 뭐 '별거' 없다 싶을 수 있습니다. 네, 교과서에는 별거 없는 게 맞습니다. 그런데 교과서만 믿고 가다가는 5, 6학년이 되어서, 그리고 중학생이 되어서 갑자기 높아진 문장 수준에 힘들어할 수밖에 없습니다. 꼭 그게 아니더라도 초등 시기 영어는 학교 교과와는 별개로 미리 준비해야 해요. 지금 이때를 놓치면 남은 학창 시간을 입시 영어 준비로 보내야 하니까요.

다시 한번 강조하지만 초3이 되기 전인 지금은 아이가 성인이 되기 전에 영어를 '즐겁게 습득'할 수 있는 마지막 시기입니다. 이 시기가 지나면 학교 수업에 뒤처질 수 있고, 아이는 부모님의 뜻대로 잘 따라오지 않게 됩니다. 무엇보다 지금처럼 영어에 몰입할 수 있는 여유가 없습니다. 지금 이 시기가 지나고 수학 및 사회, 과학 교과가 모두 어려워지는 초6부터는 다른 과목과 함께 영어를 공부해야 하기에 온전히 영어에 충분한 시간을 쏟을 여력이 없습니다. 즉, 초3을 앞둔 지금은 학교 영어에서도, 아이의 영어 인생에서도 매우 중요한 시기입니다. 지금 이 시기를 놓치지 않아야 합니다.

이렇게 말씀드리면 갑자기 초조해하는 분도 많을 것입니다. 다행히 이 시기에 시작하는 것의 장점도 있답니다. 아이는 그동안 모국어 실력을 포함하여 영어 이외의 것에서 다양한 지식을 쌓아 왔습니다. 어릴수록 언어를 빠르게 습득하는 것은 맞지만 발전할 수 있는 크기에는 한계가 있어요. 생각의 크기가 커져야 거기에 담을 수 있는 언어의 크기도 커지는 법입니다. 또 아이는 이제 어느 정도 학습을 받아들일 준비가 되어 있어요. 이해력과 집중력도 커졌고요. 더 '능숙하게' 배우는 내용을 이해해나갈 수 있는, 엄마표 영어의 효과를 톡톡히 볼 수 있는 시기인 것이죠.

물론 영어 학원에 보내는 것도 하나의 방법입니다. 하지만 학원에 다니더라도 가정에서 엄마표 영어로 아이의 영어를 보완해줘야 합니다. 사실 넓은 의미의 엄마표 영어는 아이의 영어 실력을 점검하고 각 시기에 맞는 방법을 찾아주는 것도 포함하니까요. 아이의 영어를 학원에 100% 다 맡겨두면 엄마의 마음은 편하겠지만 아이의 영어 진행 과정을 제대로 확인하기 어려워요. 그렇게 학원을 믿고 마음 놓고 있다 보면 어느 순간 큰 구멍을 발견하게 될 수 있습니다.

무엇보다 지금 이 시기는 영어를 '학습'이 아닌 '습득'으로, 언어 그 자체로 받아들일 수 있는 마지막 시기예요. 매일 영어 학원에서 두 시간씩 앉아서 공부하는 대신 각 가정에서 영상과 그림책으로 재미있게 영어를 습득할 수 있는 마지막 시기인 셈이지요. 이렇게 습득한 영어는 학습으로 받아들이는 것보다 훨씬 더 빠르게 실력이 향상될 수 있습니다. 이제 초등 1, 2학년이 된 아이들은 한글도 잘 읽을 수 있고 문해력도 많이 높아졌으니 미취학 시기에 영어를 접할 때보다 훨씬 더 빠르게 이해하고 받아들일 수 있답니다.

마지막으로 영어를 배우는 과정에서 가장 중요한 '절대량을 채우는 것'은 반드시 엄마표 영어의 도움이 필요한 활동이에요. 성인을 포함한 많은 영어 학습자가 영어 학습에 실패하는 원인이 바로 이 절대량을 넘길 만큼의 충분한 인풋이 쌓이지 않았기 때문이에요. 충분한 인풋을 쌓으려면 상당한 시간을 투자해야 하는데 학원 학습을 통해 그 인풋을 다 쌓으려 한다면 아이에게 너무 가혹한 일이 될 거예요. 현실적으로도 한계가 있고요. 따라서 사교육이든 공교육이든 다양한 경로로 영어를 배울 수는 있지만 엄마표 영어로 절대량을 채우는 것이 반드시 뒷받침되어야 한답니다.

자의든 타의든 이미 걸어온 길에 대해서 더 이상의 후회는 접어두세요. 우리는 '적기에 집중'한다고 생각하고 긍정적으로 생각하자고요. 이제는 앞으로 어떻게 할 것인지를 고민하고 이 시기를 놓치지 않기 위해 열심히 달려야 할 때입니다. 이 책에서는 초등 1, 2학년(늦어도 2학년 2학기)에 엄마표 영어를 시작하여 1년 안에 '챕터북 읽기'를 목표로 하고 있어요. 이 목표를 위해 어떻게 열심히 달려야 하는지 차근차근 살펴볼게요. 무엇보다 언어 학습의 핵심은 '노출량'이라는 것을 기억해주세요. 우리는 이 시간 동안 아이가 영어에 '집중적으로 노출'될 수 있도록 힘쓸 거예요. 그럼 아이는 수월하게 그다음 과정을 밟아나갈 힘을 기를 수 있을 거랍니다. 지금 이 결정적인 시기를 엄마표 영어로 다잡는 것은 앞으로의 긴 영어 공부에 있어 매우 든든한 초석이 될 것입니다.

우리 아이 영어 교육의 최종 목표

엄마표 영어를 흔들리지 않고 해나가기 위해서는 먼저 목표를 분명히 해야 합니다. 우리 아이의 영어, 그 최종 목적지는 어디일까요? 사실 가정마다 아이의 영어 교육에 대한 목표는 다양합니다. 다소 소박하게 해외여행에서 필요한 말을 영어로 할 수 있을 정도를 목표로 삼을 수도 있고, 수능 영어를 포함한 여러 시험에서 만점을 받는 것을 목표로 삼을 수도 있습니다. 하지만 우리 아이가 살아갈 미래 사회에서 영어는 훨씬 더 중요한 역할을 합니다. 지금 이 책을 읽는 분도 우리 아이에게 영어가 단지 시험 과목의 하나로, 또는 짧은 의사소통의 수단으로만 활용되기를 바라지는 않을 거예요. 그럼 어떤 목표를 설정해야 우리 아이에게 영어가 진정한 가치를 발휘할 수 있을까요?

가장 기본적인 목표는 바로 '영어로 막힘없이 소통하는 것'이 되어야 합니다. 생각보다 쉬울 것 같다고요? 그렇지 않습니다. 막힘없이 의사소통한다는 것에는 많은 의미가 담겨 있습니다. 우선 상대방이 전하는 메시지를 소리 나 글을 통해 이해할 수 있어야 합니다. 이와 동시에 내가 전하고 싶은 메시지도 말이나 글을 통해 표현할 수 있어야 하고요. 일반적으로 상대방의 메시지를 받아들이는 듣기, 읽기 활동을 '이해영역', 나의 메시지를 전달하는 말하기, 쓰기 활동을 '표현영역'이라고 합니다. 막힘없는 의사소통을 위해서는 이 네 가지 활동이 모두 원활히 이루어져야 합니다.

그중에서도 기본은 듣기와 읽기로 이루어진 '이해영역'이에요. 듣기와 읽기로 충분히 영어를 받아들여야 말하기와 쓰기도 원활히 해낼 수 있습니다. 물론 말하기와 쓰기도 함께 해나가면 좋겠지만 인풋이 부족한 상태에서 이루어지는 말하기와 쓰기는 깊이 있는 내용을 담기 어렵습니다. 충분한 인풋으로 영어의 그릇을 키워놓아야 그 속에 자기 생각을 담아서 잘 전달할 수 있습니다. 또한 말하기와 쓰기는 영어의 그릇뿐만 아니라 생각의 그릇도 커져야 하므로 아이가 어느 정도 성장해야 합니다. 그러니 처음 시작은 우선 이해영역, 즉 듣기와 읽기에 집중하는 것이 좋습니다. 이 책에서 책과 영상을 통한 인풋 쌓기를 강조하는 이유가 바로 여기에 있습니다.

그런데 우리가 영어로 막힘없는 소통을 하고자 하는 이유는 결국 서로의

'메시지'를 잘 전달하고 받아들이기 위해서입니다. 그런 면에서 영어는 목적이 아닌 유용한 수단으로 볼 수 있어요. 영어로 소통을 할 수 있다는 것은 나의 의사를 영어로 전달하는 것뿐만 아니라 영어로 된 수많은 정보를 접하고 받아들일 수 있다는 뜻이기 때문입니다. 웹 테크놀로지 조사 기관인 W3Techs에서 조사한 결과에 따르면 전 세계 웹사이트의 63.4%가 영어로 되어 있다고 합니다. 그다음으로 많은 비중을 차지하는 언어인 러시아어가 7.1%라니 차이가 엄청나죠? 심지어 그 외 언어 대다수는 1% 미만을 차지하고 있어요. 만약 한국어로 된 웹사이트만 활용할 수 있다면 어떨까요? 그럼 전 세계 웹사이트의 약 0.5%만 보고 활용할 수 있는 셈입니다. 영어를 잘하면 얻을 수 있는 정보의 차이가 얼마나 큰지 실감 나시나요?

정보를 자유자재로 접하고 원하는 대로 활용하기 위해서는 영어가 유용한 수단이자 필수 수단으로 작용해야 합니다. 물론 요즘은 구글 번역이나 파파고와 같은 좋은 서비스를 무료로 이용할 수도 있지만 본인에게 필요한 정보를 즉각적으로 접하는 것과 한번 변형된 정보를 접하는 것은 여러 면에서 차이가 큽니다.

시대가 계속해서 변화하고 있지만 그 속에서 영어는 여전히 중요한 위치를 차지하고 있습니다. 전 세계의 약 13억 5천만 명의 사람들이 영어를 사용하고 있습니다. 그중에서 영어가 모국어인 사람은 약 4억 명 정도밖에 되지 않아요. 그 외에 제2 언어나 외국어로 영어를 구사하는 사람들이 훨씬 더 큰 비중을 차지하지요. 앞으로 아이가 어떤 일을 하든 그 분야에서 영어는 '기본언어'로의 역할을 할 거예요. 영어를 잘하면 더 많은 기회를 누릴 수 있고 더 많은 정보를 먼저 얻을 수 있습니다. 그러니 우리는 아이가 영어라는 유용한 기술을 획득해 더 넓은 곳에서 꿈을 펼칠 수 있도록 영어 교육에 힘써야 합니다. 아이의 미래에 영어라는 '날개'를 달아주는 거예요. 따라서 지금 이 시기를 놓치지 않아야 합니다. 초등 고학년이 되면 영어 인풋을 왕창 쏟아부어 주고 싶어도 시간적 여유가 없으니까요.

아이의 영어 교육 과정에서 또 한 가지 유념해야 할 점은 끌어올린 아이의 영어 실력을 꾸준히 유지해 나가려면 노력이 필요하다는 것입니다. 언어는 오랫동안 사용하지 않으면 쉽게 감을 잃게 됩니다. 영어 유치원을 다니며 영어에 상당한 시간을 투자했던 아이도 그 이후에 꾸준한 노력을 기울이지 않으면 금세 영어 실력이 떨어집니다. 중3 때 이미 수능 영어 1등급의 실력을 가진 아이들도 고교 과정에서 영어 외의 입시 과목을 준비하느라 영어를 소홀히 했다가 고3이 되어서 당혹감을 감추지 못하는 경우도 많아요.

그럼 어떻게 해야 영어 실력을 꾸준히 유지할 수 있을까요? 학년이 올라갈수록 해야 할 공부의 양이 점차 늘어나니 이전처럼 영어에 많은 시간을 투자하기 힘들어요. 하지만 영어가 '습관'이 되면 충분히 가능합니다. 영어 책 읽기나 영어 영상보기가 아이의 일상 속에 자리 잡으면 의식적으로 하지 않아도 자연스럽게 영어를 가까이할 수 있어요. 습관을 만들기 위해 엄청나게 특별한 과정이 필요한 것이 아니에요. 매일 작은 것부터 조금씩 반복하다 보면 어느새 자연스럽게 일상에 자리 잡게 되는 것이지요. 사실 습관을 만드는 것은 이 책에서 1년 동안 해나갈 과정의 핵심이기도 해요. 1년 동안 매일 꾸준히 책 읽기와 영상보기를 해나가면서 영어 인풋을 쌓는 동시에 습관을 형성할 겁니다. 그 과정을 통해 앞으로 영어책과 영상을 '꾸준히' 즐길 수 있도록 하고, 궁극적으로는 언어에 연연하지 않고 '소통'할 수 있도록 하는 것이죠.

지금 우리가 해나가는 모든 과정이 아이의 영어 교육 목표에 가까워지는 데 매우 중요한 발걸음이 될 거예요. 그러니 단순히 영어 시험에서 고득점을 받기 위해서가 아니라 더 큰 목표를 위해 노력해주세요. 성공적인 아이의 영어 출발을 위해 지금 이 시기를 놓치지 말고 투자해야 합니다. 서울대 소아청소년정신과 김붕년 교수는 아이들이 13~17세에 해당하는 청소년기가 되면 그동안 한 경험 중에서 무의미하다고 여겨지는 것들을 뇌에서 솎아내기 시작한다고 강조하였습니다. 지금 아이와 함께하는 노력은 아이에게 영어가 더욱 가치 있는 경험으로 자리 잡을 수 있도록 만들어줄 거예요. 그 경험을 바탕으로 우리 아이는 영어에 대한 자신감과 실력으로 무장한 채 지속해서 영어를 해나갈 수 있습니다.

자, 이제 우리 아이의 영어 교육 목표가 명확해지셨나요? 첫째, 영어로 막힘없이 소통할 수 있을 만큼 영어 실력 쌓기(지금은 듣기와 읽기를 중심으로 인풋을 왕창 쏟아붓기)! 둘째, 영어책 읽기와 영상보기를 습관으로 만들어 영어 실력을 꾸준히 유지하기. 이 책에서 제시하는 일련의 과정을 통해 아이에게 영어 인풋 쌓기와 습관 형성, 이 두 가지만 안정적으로 자리 잡아도 충분합니다. 1년 후에도 아이의 영어 학습 과정은 여전히 끝이 아니라 시작이거든요. 이 두 가지를 바탕으로 우리 아이는 평생 영어를 즐기며 스스로 발전시켜 나갈 힘을 얻게 될 것입니다.

초3 영어 교과의 특징

우리나라 공교육에서는 초등학교 3학년부터 영어 수업이 시작됩니다. 3, 4학년 때는 일주일에 두 번, 5, 6학년 때는 일주일에 세 번 40분씩 수업이 진행됩니다. 초등 영어과정의 목표는 '영어 학습에 대한 흥미와 자신감을 기르고 일상에서 사용되는 기초적인 영어를 이해하고 표현하는 능력을 길러 영어로 의사소통할 수 있는 기초를 마련하는 것(교육부, 2015)'입니다. 그래서 의사소통 중심의 교육을 지향하고 있지요. 수업 내용도 아이들이 직접 따라 할 수 있는 활동이 많습니다.

교육부의 영어과 교육과정(2015)은 '3~4학년군'과 '5~6학년군'으로 나눠 내용 체계 및 성취기준 등을 제시하고 있는데 그중 3~4학년군의 영역별 성취기준은 다음과 같습니다.

초등학교 3~4학년 영어과 교육과정 성취기준 및 학습 요소(교육부, 2015)

영역	성취기준	학습 요소
듣기	・알파벳과 낱말의 소리를 듣고 식별할 수 있다. ・낱말, 어구, 문장을 듣고 강세, 리듬, 억양을 식별할 수 있다. ・기초적인 낱말, 어구, 문장을 듣고 의미를 이해할 수 있다. ・쉽고 친숙한 표현을 듣고 의미를 이해할 수 있다. ・한두 문장의 쉽고 간단한 지시나 설명을 듣고 이해할 수 있다. ・주변의 사물과 사람에 관한 쉽고 간단한 말이나 대화를 듣고 세부 정보를 파악할 수 있다. ・일상생활 속의 친숙한 주제에 관한 쉽고 간단한 말이나 대화를 듣고 세부 정보를 파악할 수 있다.	・알파벳, 낱말의 소리, 강세, 리듬, 억양 ・낱말, 어구, 문장 ・주변의 사람, 사물
말하기	・알파벳과 낱말의 소리를 듣고 따라 말할 수 있다. ・영어의 강세, 리듬, 억양에 맞게 따라 말할 수 있다. ・그림, 실물, 동작에 관해 쉽고 간단한 낱말이나 어구, 문장으로 표현할 수 있다. ・한두 문장으로 자기소개를 할 수 있다. ・한두 문장으로 지시하거나 설명할 수 있다. ・쉽고 간단한 인사말을 주고받을 수 있다. ・일상생활 속의 친숙한 주제에 관해 쉽고 간단한 표현으로 묻거나 답할 수 있다.	・알파벳, 낱말, 강세, 리듬, 억양 ・낱말, 어구, 문장 ・자기소개, 지시, 설명 ・인사, 일상생활 관련 주제
읽기	・알파벳 대소문자를 식별하여 읽을 수 있다. ・소리와 철자의 관계를 이해하여 낱말을 읽을 수 있다. ・쉽고 간단한 낱말이나 어구, 문장을 따라 읽을 수 있다. ・쉽고 간단한 낱말이나 어구를 읽고 의미를 이해할 수 있다. ・쉽고 간단한 문장을 읽고 의미를 이해할 수 있다.	・알파벳 대소문자, 낱말의 소리, 철자 ・낱말, 어구, 문장
쓰기	・알파벳 대소문자를 구별하여 쓸 수 있다. ・구두로 익힌 낱말이나 어구를 따라 쓰거나 보고 쓸 수 있다. ・실물이나 그림을 보고 쉽고 간단한 낱말이나 어구를 쓸 수 있다.	・알파벳 대소문자 ・구두로 익힌 낱말, 어구, 실물, 그림

학교에서 사용하는 교과서에는 크게 국정교과서와 검정교과서가 있는데, 국정교과서는 교육부가 편찬하는 것이기 때문에 한 가지 종류만 있습니다. 국어 과목이 보통 그렇지요. 반면 초등 영어 과목은 학교마다 직접 교육부의 검정 기준을 통과한 검정교과서 중에서 하나를 채택하여 쓰고 있습니다.

초등 영어 교과서를 만드는 출판사로는 천재교육, YBM(김), YBM(최), 대교, 동아출판 등이 있습니다. 내용 요소의 제시 순서나 활동에 차이가 있을 수 있지만 수준은 거의 비슷합니다. 아래는 영어 교과서 2종의 목차를 나타낸 것으로, 대부분 한 단원을 4차시에 나누어 수업을 진행하고 있습니다.

	YBM(김)	천재교육
1과	Hello, I'm Tibo.	Hello!
2과	What's This?	Oh, It's a Ball!
3과	Sit Down, Please.	Sit Down, Please.
4과	Do You Like Pizza?	How Many Apples?
5과	How Are You?	I Have a Pencil.
6과	Can You Swim?	What Color Is It?
7과	How Many Lions?	I Like Chicken.
8과	What Color Is It?	It's Very Tall!
9과	Let's Jump.	I Can Swim.
10과	Do You Have Any Crayons?	She's My Mom.
11과	How Old Are You?	Look! It's Snowing.
12과	Don't Run, Please.	
13과	How's the Weather?	

학교에서 사용하는 교과서는 에듀넷(edunet.net)에서 디지털 교과서로 확인할 수 있는데, 3학년 영어 교과서를 보면 주로 '듣고 따라하기'나 '보고 말하기', 게임 등 활동 위주로 구성이 되어 있습니다. 큼지막한 그림이 많이 제시된 반면 영어 문장은 그렇게 많지 않습니다. 어릴 때부터 엄마표 영어나 사교육으로 영어에 충분히 노출되어 온 아이라면 학교 교과서는 시시하게 느껴질 수도 있습니다. 영어만큼 시작도 전에 아이들의 실력 편차가 큰 과목도 없으니까요.

반면 이제 영어를 시작하는 아이들에게 3학년 영어 교과서는 결코 쉬운 수준이 아닙니다. 영어를 좀 천천히 시작해야겠다고 생각한 부모님들은 영어 교과서를 보고 놀라는 경우가 많습니다. 우선 제목부터가 영어예요. 알파벳 대소문자를 따라 쓸 수 있는 내용이 과마다 조금씩 제시되어 있지만 듣기 음원이나 영상 속 대사는 모두 문장으로 되어 있고, 파닉스를 차근차근 배울 수 있는 여유도 없습니다. 영어 수업 시수가 많지 않기 때문에 모든 것을 짧게 다루고 넘어가는 것이죠. 나선형 구조로 설계되어 있긴 하지만, 한글을 배울 때와 마찬가지의 어려움이 있습니다. 1-1 국어 교과서에서 선 긋기를 배우는데 일기 쓰기가 숙제로 나오는 것과 마찬가지예요. 영어 교과서에서 A, B, C를 배우다가도 문제를 영어로 듣고 영어로 답을 쓰는 평가가 이어집니다. 그래서 기본적인 선행이 되어 있지 않으면 학교 수업을 이해하기나 단어를 외우는 데 어려움을 겪게 됩니다. 제목에 그 단원에서 배우는 핵심 표현이 들어가 있으니 적어도 제목 정도는 읽을 수 있어야 학교 영어 수업에 자리 잡을 수 있습니다.

앞서 학교 수업에서 잘 자리 잡는 것이 아이의 효능감을 키우는 데 매우 중요하다고 말씀드렸습니다. 아이가 영어 수업을 따라가지 못하게 되면 스스로 영어를 잘 못한다고 느끼게 되고 영어 과목에 흥미를 잃게 됩니다. 초등 영어 수업은 다양한 활동으로 내용이 구성되어 있는데 영어를 이해하지 못하면 활동 수행에 참여도가 떨어집니다. 잘하는 친구에게 물어서 어찌어찌 활동에는 참여하더라도 갈수록 격차가 커질 수밖에 없습니다. 초등 3, 4학년은 친구들이 바라보는 시선, 스스로를 바라보는 시선에 따라 '나는 어떤 아이야.'라는 이미지가 자리 잡기 시작하는 시기입니다. 만약 아이가 스스로를 '영어 못하는 아이'로 판단해버리면, 이러한 인식은 아이의 이후 학업에도 영향을 미칩니다. 그래서 몇 번 안 되는 평가에서도 가능하면 높은 점수를 받는 것이 필요합니다.

물론 그렇다고 학교 수업을 잘 따라가고 있는 것에만 안도하며 방심하면 절대 안 됩니다. 3~4학년 때는 비교적 재미있는 활동으로 영어를 배우다가

5~6학년이 되어서 갑자기 어렵다고 느껴질 수 있습니다. 3~4학년 군에서는 읽기와 쓰기가 단어나 한두 문장 수준의 활동입니다. 쓰기도 그대로 따라 쓰거나 보고 쓰는 수준이었고요. 그런데 5~6학년이 되면 일상에 관한 짧은 글을 써야 하고 짧은 문장이 아닌 단락 글을 읽게 됩니다. 듣기나 말하기에서 주고받는 대화의 길이도 길어지고요.

따라서 3~4학년 때 영어 수업을 무리 없이 잘 따라가고 있다고 해서 그냥 손 놓고 있으면 안 됩니다. 학교 수업을 잘 따라가고 있으니 어느 정도 할 거라고 지레짐작하는 경우가 많은데, 3~4학년 때 잘하는 것으로 보이다가도 고학년이 되어서 쓰기나 읽기 등의 과제를 잘 수행하지 못하는 아이들이 생각보다 매우 많습니다. 그러니 실제로 잘하고 있는지 꼭 점검해야 합니다.

이건 중학교 과정에서도 마찬가지입니다. 중학교에서는 초등 교육과정의 성취기준과 내용을 다 배웠다는 전제하에 수업이 진행되기 때문에 바로 단락으로 나눠진 글을 읽게 되는데, 기초가 탄탄하지 않으면 적응하기 어렵습니다. 영어는 국어와 마찬가지로 많은 노출량이 절대적으로 필요한 언어 영역입니다. 일주일에 두세 번, 40분의 수업을 4년간 지속한다고 해도 교육부의 성취목표처럼 '일상에서 사용되는 기초적인 영어를 이해하고 표현하는 능력을 길러 영어로 의사소통할 수 있는 기초를 마련하기'에는 턱없이 부족

합니다. 수업시간이 부족한 데다 한 선생님이 많은 학생의 습득 여부를 일일이 다 챙기기 어려우니까요.

그만큼 공교육의 속도가 빠르고 여유가 없으므로 그 사이의 간격을 잘 메꿔줘야 합니다. 가장 좋은 것은 엄마표 영어이지만 시간이 부족하다면 사교육의 도움을 받아도 좋습니다. 아이가 학교 수업에서 빠르게 자리 잡을 수 있도록 부족한 점을 빨리 채워줄 수도 있으니까요. 다만 영어 실력 향상에서 '노출량'이 가장 결정적인 요인으로 작용하는 만큼 사교육이나 공교육과는 별개로 집에서 영어 노출을 해주어야 합니다. 학원이나 학교에서는 새로운 내용을 학습하는 데 초점이 맞춰져 있기 때문에 그걸 충분히 다지는 시간이 따로 필요하기 때문입니다.

어떤 길을 선택하든 우선 아이의 실력을 정확히 파악하셔야 합니다. '챕터북 진입'이라는 목표를 달성하기 위하여 객관적으로 얼마나 실력이 부족하고, 시간적 여유는 어느 정도 있는지 따져보는 거예요. 그래야 우리 아이의 상황에 맞는 계획을 세울 수 있고 흔들리지 않고 해나갈 수 있습니다.

그런 다음 계획을 세우고 지금 바로 시작하세요. '나중에 때가 되면 잘하겠지'라며 지금 이 시기를 그냥 흘려보낸다면 아이는 결국 시험 성적에 쫓겨서 바쁘게 영어를 배울 수밖에 없어요. 학교에서의 격차도 점차 커지게 될 거고요. 다시 한번 말씀드리지만 지금이 현실적으로 영어에 충분히 몰입할 수 있는 마지막 시기입니다. 지금 이 시기를 어떻게 보내느냐에 따라 아이의 영어 학습 과정이 달라질 거예요. 아이에게 좀 더 일찍 영어의 자유를 주고 싶다면 이 시기를 절대 놓치지 마세요.

초3을 앞둔 우리 아이, 엄마표 영어의 방향

영어 공부에는 끝이 없어요. 잘하게 되어도 더 잘하기 위해 노력해야 하는 게 외국어 공부이기 때문이죠. 영어를 잘한다는 것 역시 매우 주관적인 기준입니다. 따라서 초3을 앞둔 지금 시작하는 엄마표 영어에서 무작정 '영어를 잘하기 위해' 아이와 기약 없는 노력을 할 수는 없습니다. 결정적 시기를 시행착오 없이 보내려면 명확한 목표를 세워야 합니다. 현실적으로 지금 이 시기를 지나고 나면 시험을 위한 공부로 영어를 대할 수밖에 없기 때문입니다. '습득'과 '학습'의 경계에 서 있는 지금이 영어에 몰입할 수 있는 마지막 시기란 것을 잊어서는 안 됩니다. 조금은 늦은 출발 시기를 고려했을 때 지금 영어를 시작하는 아이가 도달할 수 있는 현실적이고 가장 이상적인 목표는 '챕터북 읽기에 진입'하는 것입니다.

일단 챕터북 단계에 진입하게 되면 그 나이대의 영미권 아이들이 읽는 책을 동일하게 읽어나갈 수 있습니다. 그럼 그 이후부터는 좀 더 수월하게 다양한 영어 인풋을 쌓아나갈 수 있게 됩니다. 영어 학습의 전체적인 과정에서 봤을 때 지금 이러한 리딩 스킬을 기르는 활동은 일종의 '워밍업'이라고 할 수 있습니다. 아이는 지금의 이 활동을 바탕으로 앞으로 최소 몇 년간은 더 영어 학습을 해나갈 것이니까요. 이 책에서는 '영어를 배우는 것'에 초점이 맞춰 있었다면 챕터북에 진입한 이후부터는 '영어로 배우는 것'에 더 중점을 두게 됩니다. 언어에 구애받지 않고 다양한 정보를 받아들이기 위해서 지금의 과정을 거치는 것입니다.

01_ 충분한 시간 확보

이 책은 영어 공교육이 시작되는 초등 3학년을 앞둔 아이들을 대상으로 하고 있어요. 그동안 유치원에서 놀이로 배운 영어가 전부인 아이가 1년간의 집중 과정을 통해 챕터북을 읽을 수 있는 수준이 되는 것이 목표입니다. 가장 이상적인 것은 초등 1학년 겨울방학부터 시작하여 초등 3학년이 되기까지 최소 12개월에서 15개월 동안 몰입하는 거예요.

늦게 시작했어도 빠르게 따라잡으려면 반드시 탄탄한 바탕이 마련되어야 합니다. 학교 영어 수업을 앞두고 마음이 조급해지기도 할 거예요. 하지만 기본기가 없는 상태에서 급하게 쫓아가다가는 한계에 부딪힐 수 있습니다.

핵심은 영어에 대한 '노출량'입니다. '듣기'와 '읽기'로 영어에 대한 노출을 대폭 늘려줄 거예요. 인풋을 마구 쏟아부어 주는 것이죠. 그러기 위해서는 우선 '영어 시간을 확보'하는 것이 필요합니다. 앞으로 1년은 정말 충분히 영어에 몰입한다는 생각으로 시간을 확보해주세요. 하루에 최소 3시간은 영어에 쓸 수 있도록 하는 거예요. 물론 그 이상도 좋고요. 3시간을 기본으로 '듣기 2 + 읽기 1'을 매일 실천해 나갈 겁니다. 지금은 아웃풋보다는 인풋에 신경 써야 할 때이니 아이가 다양한 콘텐츠로 영어를 받아들일 수 있도록 해주세요. 확실한 시간 확보를 위해서는 아이의 다른 스케줄을 조정하고 영어가 즐거워지게 하려는 노력이 필요합니다.

하루 3시간이 도저히 불가능할 것 같다고요? 충분히 가능합니다. 아이의 일상을 잘 분석해서 그 속에서 최대한 시간을 만들어 보세요. 아침에 일어나 등교 준비하는 시간, 하교 후에 간식을 먹으며 쉬는 시간, 저녁 식사 전후, 잠자리에 들기 전 시간 등이 모두 책 읽기와 영상보기를 하기에 충분한 시간이에요. 아이가 우리말 만화나 유튜브를 보고 있다면 대신 영어 영상을 보여주셔야 합니다. 목욕하는 시간, 잠자리에 들기 전에는 영어 CD를 틀어주어도 좋습니다. 매일 영어와 함께하는 것이 익숙해지도록 아이의 일상을 바꿔주세요.

무엇보다 아이가 영어를 접하는 시간이 즐겁게 만들어주세요. 최대한 아이의 취향에 맞는 책과 영상을 찾아서 보여주어야 합니다. 영어를 접하는 하루 3시간이 아이에게 힘들게 다가온다면 오래 지속하기 힘듭니다. 반면 재미가 있으면 시키지 않아도 합니다. 아이의 관심과 흥미를 끌 만한 재미있는 책과 영상은 차고 넘치도록 많으니 그런 책과 영상을 구해 아이와 함께 재미있게 보는 시간을 가지세요. 특히 영어를 시작하는 초기에 영어에 대한 긍정적인 인식을 심어주는 것이 중요합니다. 영어책 읽기와 영상보기가 억지로 해야 하는 밀린 숙제 같은 것이 아니라 재미있고 즐거운 활동으로 다가와야 합니다. 그럼 하루 3시간을 채우기 위해서 아등바등하지 않아도 된답니다. 결국 관건은 아이의 취향 저격 책과 영상을 찾는 것입니다.

물론 일부 시간은 반드시 학습을 해야 합니다. 집중듣기나 파닉스 학습 등은 단순히 놀면서 할 수만은 없는 활동이에요. 하지만 그런 활동 역시 아이가 충분히 해낼 수 있는 활동이 되어야 해요. 자신감을 가지는 것도 영어에 대한 긍정적인 인식을 심어주는 데 매우 중요하기 때문입니다. 다행히 이제 아이들은 어느 정도 학습을 받아들일 수 있는 나이가 되었습니다. 하기 싫은 것도 해야 한다는 것을 알고 있어요. 아이가 달가워하지 않더라도 아이가 할 수 있을 만큼 조금씩 학습을 시작해주세요. 당근을 사용하든 채찍을 사용하든 아이를 구슬리는 것 역시 엄마표 영어에서 빠질 수 없는 과정이에요. 어느 정도 적응 시간이 필요한 시작 단계를 잘 넘기고 꾸준히 지속해야 영어가 일상에서 당연한 활동이 될 것입니다.

02_ 준비 과정(2개월)

먼저 본격적인 인풋 쌓기에 들어가기에 앞서 준비 과정이 필요합니다. 영어 인풋이 듣기와 읽기를 통해 쌓이는 만큼 '듣기 활동'과 '읽기 활동'을 순조롭게 하기 위한 준비를 하는 것입니다. 준비 과정에서 가장 중요한 두 가지는 영어 문자에 익숙해지는 것과 영어 소리에 익숙해지는 것입니다. 이것을 전문용어로는 '시각적 변별'과 '청각적 변별'이라고 하는데, 시각적 변별은 시각적인 자극을 구별하는 자질을 인식하는 것이고(Karlin, 1980), 청각적 변별은 음성으로 나타나는 소리의 자질을 인식하는 것입니다(Farr & Roser, 1979). 이 두 가지가 원활히 이루어져야 문자와 소리를 낱개가 아닌 통으로 접했을 때도 원활히 받아들일 수 있게 됩니다.

① 영어 문자에 익숙해지기

우선 문자에 익숙해지기 위해 알파벳부터 시작하여 파닉스를 익혀나갈 거예요. 개별 문자를 정확히 인식하고 소리와 연결 짓는 연습을 하는 것이지요. 사실 문자 학습은 영어 인풋이 어느 정도 쌓인 후에 하는 것이 효과적입니다. 하지만 아직 인풋이 쌓이지 않은 지금 문자 학습을 바로 시작하는 이유는 학교 수업에 아이가 안정적으로 자리 잡도록 하기 위해서입니다. 초등 3학년을 앞둔 만큼 학교 영어 수업에 신경 쓰지 않을 수는 없으니까요. 학교 수업에서도, 개인적인 영어 학습에서도 실력 향상을 이룰 수 있도록 해야 합니다.

또한 파닉스 학습으로 문자를 익히면서 영어책 읽기도 천천히 시작해나갈 겁니다. 아직 글이 많은 책은 무리이니 파닉스북이나 한 페이지에 단어 한두 개로 이루어진 첫 단계의 리더스북을 함께 살펴볼 거예요. 이때 반드시 낭독, 즉 소리 내어 읽기를 병행해서 문자 학습의 효과를 높이고 영어 자신감을 키워주어야 합니다. 뒤에서 다시 설명하겠지만 외국어 학습에서 낭독으로 얻을 수 있는 효과는 정말 크답니다.

마지막으로 엄마·아빠는 아이에게 영어책 읽어주기를 시작해야 합니다. 아직 문자에 익숙하지 않은 시기의 아이에게 책을 읽어주는 것은 매우 중요한 활동이에요. 무엇보다 책이 재미있다는 인식을 심어주는 것이 중요하기 때문에 최대한 재미있는 책으로 아이가 책에 푹 빠져들게 해야 합니다. 그것만 성공해도 준비 과정의 반은 끝난 셈이에요.

② 영어 소리에 익숙해지기

소리에 익숙해지기 위한 준비 과정으로는 영상보기를 시작할 거예요. 영상보기를 통해 영어 소리에 익숙해져 소리를 구별할 수 있도록 하는 것입니다. 영상보기만큼 듣기 인풋을 쌓는 데 효과적인 것은 없어요. 사실 영어 동요를 듣는 것도 영어 소리에 익숙해지는 데 도움이 되지만 이제 영어를 시작하는 초등 저학년 아이들에게는 다소 부족함이 있어요. 특히 영어 전래동요에는 의성어, 의태어나 라임을 강조한 후렴구 등도 있어서 일반적인 표현보다 이해하기가 외려 어려울 수 있습니다. 그러니 지금은 영상의 도움을 받아 맥락 속에서 영어의 소리와 표현에 익숙해지는 것이 가장 좋습니다. 영상보기는 준비 과정부터 시작해서 본 과정까지 쭉 이어나갈 거예요.

이러한 준비 과정은 두세 달 정도면 충분합니다. 말 그대로 준비를 하는 과정이기 때문에 본 과정이 지체될 필요는 없습니다. 또한 준비 과정에서 다룬 내용은 본 과정에서 충분히 다지니 완벽하게 해내지 못했다고 걱정하지 않으셔도 됩니다.

03_ 본 과정(10개월)

본 과정에서는 본격적으로 읽기와 듣기로 영어 인풋을 쌓아나갈 거예요. 하루 최소 3시간은 '영어에 집중적으로 노출'되어야 합니다. 외국어 학습에서 가장 중요한 것은 '습관'입니다. 이렇게 매일 3시간을 꾸준히 한다는 건 그만큼 영어에 몰입해서 인풋을 쌓는다는 의미도 있지만 일상에서 습관처럼 영어를 접한다는 의미도 있어요. 이렇게 어릴 때 형성한 습관은 학년이 높아질수록 더 큰 힘을 발휘하게 됩니다. 지금 매일 3시간을 투자하는 것은 당장의 영어 실력 향상뿐만 아니라 앞으로의 영어 학습 과정에 모두 긍정적인 변화를 가져올 것임을 늘 상기하시기 바랍니다.

① 그림책, 리더스북 읽기 1시간

본 과정에서는 그림책과 리더스북을 활용해서 읽기를 진행해 나갈 거예요. 두 책은 각기 다른 장점을 가지고 있으므로 동시에 활용하는 것이 좋습니다. 그림책은 말 그대로 그림을 중심으로 이야기를 풀어나가는 책이에요. 어떤 언어를 배우든 책 읽기를 성공적으로 해나가려면 그림책은 필수입니다. 아이들은 흥미진진한 그림책을 통해 책에 관심을 가질 수 있고 풍부한 인풋을 쌓을 수 있어요. 리더스북은 각 단계에 맞는 어휘와 표현으로 구성되어 나온 읽기 훈련용 책을 말합니다. 이제 영어를 시작하는 단계의 아이들이 수준에 맞춰 읽기를 해나가기에 적합한 책이에요. 아이들은 리더스북을 통해 기초부터 차근차근 읽기를 배울 수 있고 스스로 영어책을 읽을 수 있다는 자신감도 기를 수 있습니다.

② 텍스트 보며 듣기(집중듣기) 1시간

본 과정에서 듣기 활동은 크게 음원을 들으며 텍스트를 눈으로 따라가는 '집중듣기'와 텍스트 없이 영상을 보며 소리를 듣는 '흘려듣기'로 나눌 수 있습니다. 집중듣기는 소리에 맞춰 텍스트를 짚어나가며 내용을 꼼꼼히 살펴보기 때문에 정독에 가깝습니다. 이를 통해 영어의 소리와 문자를 함께 인식해 나갈 수 있습니다.

③ 텍스트 없이 듣기(흘려듣기) 1시간

흘려듣기는 따로 텍스트를 보지 않고 영상을 보며 그 소리를 듣는 것으로 '영상보기'라고 할 수도 있어요. 텍스트 없이 영상을 보는 것은 영어 소리를 듣는 귀를 뜨이게 하여 자연스러운 영어를 쌓는 데 도움이 됩니다. 무엇보다 재미있으므로 많은 양의 영어 인풋을 쌓기 위해 필수입니다.

본 과정에서의 3시간은 영어에 투자하는 '최소' 시간입니다. 아이의 여유 시간을 그냥 흘려보내지 않고 알차게 채워주세요. 영어 노래를 듣고 익힌 내용을 복습하는 등의 부가적인 활동은 이 시간에서 제외해야 합니다.

방학에는 학기 중보다 영어 시간을 마련하는 것이 더 수월하니 하루 3시간을 기본으로 그동안 부족했던 활동에 더 많은 시간을 쏟아붓게 해주세요. 학기 중에는 시간에 쫓겨 충분히 하지 못했던 활동을 방학 때 충분히 하면서 아이가 영어에 푹 빠질 수 있도록 하는 것입니다.

하나의 활동을 오랫동안 지속하는 것을 힘들어한다면 오전과 오후, 또는 오후와 저녁 등으로 시간을 나누는 것도 방법입니다. 오전에 읽은 책을 오후에 다시 보는 것도 좋고 그 책으로 독후활동을 하거나 연계된 영상을 보는 것도 좋아요. 무엇보다 아이가 좋아하는 영어 영상을 실컷 보게 해주는 게 좋습니다. 매일 저녁 아이와 함께 영화 한 편을 보면 흘려듣기 한두 시간쯤은 쉽게 채울 수 있어요. 많이 노출할수록 많은 인풋이 쌓이고 그다음 과정이 수월해진다는 것을 꼭 기억하세요.

chapter 2

준비 과정 :
알파벳, 파닉스부터
그림책 읽기까지

알파벳 익히기

 다들 알다시피 알파벳은 영어의 '문자'를 말합니다. 우리말에 한글이 있듯이 영어에도 영어 소리를 글로 적을 수 있는 문자, 바로 알파벳이 있지요. 알파벳은 영어를 학습으로 접할 때 가장 기본이 됩니다. 그러니 적어도 정규수업에서 영어를 배우기 전에 미리 익혀두는 것이 좋습니다.

 물론 초등학교 3학년 영어 교과서에도 알파벳 학습 내용이 나옵니다. 알파벳의 대소문자를 구분하고 읽고 쓰는 내용이 여러 과에 걸쳐 조금씩 제시되어 있지요. 교육부에서 고시한 영어과 교육과정을 살펴보면 알파벳 학습을 3학년부터 6학년까지 다루고 있습니다. 하지만 알파벳을 4년 동안 천천히 익혔다가는 교과서를 읽기도 어려운 게 현실입니다. 게다가 알파벳 학습과 동시에 새로운 영어 단어도 함께 익히도록 하고 있어요. 그러니 각 알파벳의 대문자, 소문자 모양을 인식하고 헷갈리지 않고 쓸 수 있도록 미리 익혀야 합니다.

아직 문자 학습이 이른 어린아이라면 영어를 충분히 들으며 소리로 먼저 익히는 것이 바람직하지만 이제 초등 3학년을 앞둔 시기라면 영어를 듣는 것과 동시에 문자 학습을 시작해야 합니다. 음성적으로 영어를 인식할 수 있는 능력과 시각적으로 영어를 인식할 수 있는 능력을 함께 키워내는 것이지요. 그래야 영어 학습에 더 큰 시너지를 낼 수 있습니다.

01_ 알파벳의 음가와 대소문자 형태 익히기

알파벳이 문자로 이루어지는 학습의 첫걸음인 것은 맞지만 그만큼 기초 학습에 해당하기 때문에 오래 끌 필요는 없어요. 약 1~2주면 충분합니다. 문자를 익히는 것 자체에 중요성이 있는 것이 아니라 문자로 이루어지는 읽기, 쓰기 활동을 잘하기 위한 것이니까요.

알파벳 학습은 결국 철자와 소리를 연결하는 파닉스로 이어집니다. 알파벳의 음가를 익히고 그것이 쓰인 단어 속에서 소리를 확인하면서 자연스럽게 읽기의 기본 원리를 터득하게 되는 것이지요. 원활한 파닉스 학습이 되기 위해서는 우선 알파벳의 모양을 정확하게 인식할 수 있어야 합니다.

알파벳 학습에서 한 가지 기억해야 할 점은 '쓰기'도 함께 해야 한다는 것입니다. 알파벳을 눈으로만 익히면 쓰기 활동에서 정확도가 떨어질 수 있으니 주의해야 합니다. 초등 3학년 교과서에는 아주 간단한 수준이지만 쓰기 활동이 제시되어 있어요. 주로 알파벳이나 낱말을 쓰는 수준이지만 생각보다 정확하게 쓰지 못하는 아이들이 많답니다. 특히 따라 쓰거나 보고 쓰는 부분이 제시되지 않으면 바르게 쓰지 못하는 경우가 많아요. 그래서 알파벳 학습은 다양한 쓰기 활동을 병행해야 합니다.

구하기 쉬운 알파벳 워크시트를 내려받아 프린트한 다음 여러 번 보고 따라 쓰며 모양을 정확히 익히게 해주세요. 이때 b와 d, p와 q, m과 n 등 비슷하게 생긴 알파벳을 유의해서 익히도록 신경 써야 합니다. 또 대소문자도 구별할 수 있어야 하고요. 4선이 그어진 영어 노트를 활용하는 것도 쓰기 연습을 하기에 좋습니다. 4선 영어 노트는 한 면에 4선이 몇 줄 있는지에 따라 10줄, 12줄, 14줄 노트가 있습니다. 영어를 시작하는 단계에서는 10줄이나 12줄짜리가 쓰기 연습을 하기에 적합합니다.

제가 수업을 할 때 종종 활용하던 사이트는 ESL Writing Wizard입니다. 알파벳 워크시트를 바로 내려받아 사용할 수 있고 본인이 원하는 단어로 워크시트를 만들 수 있는 유용한 사이트입니다. 다음 페이지에 ESL Writing Wizard의 알파벳 대문자, 소문자 워크시트를 내려받을 수 있는 QR코드를 실었으니 필요한 분은 활용해보세요.

알파벳 대문자 워크시트(bit.ly/2ZyzBCd)

 알파벳 소문자 워크시트(bit.ly/3IhStgl)

02_ 단어에서 알파벳의 활용 익히기

   각 알파벳과 소리를 어느 정도 알게 되면 이제 단어를 통해서 알파벳을 학습하게 해주세요. 해당 알파벳으로 시작하는 단어들을 보면서 알파벳의 활용을 익히는 거예요. 이때 영상이나 알파벳북, 더 나아가서는 파닉스북을 활용할 수 있어요. 무엇이 되었든 아이들이 쉽게 접할 수 있는 수준의 단어로 내용이 구성된 것을 선택해야 합니다.

   다음은 알파벳 학습에 활용할 수 있는 유용한 책입니다. 이 외에도 다양한 알파벳 교재가 많지만 대부분 미취학 유아를 대상으로 하고 있으니 굳이 교재를 살 필요는 없습니다. 또한, 파닉스북에서도 기본적으로 알파벳을 다루고 있으니 알파벳북은 따로 사지 않아도 괜찮습니다.

👍 **추천 알파벳북**

Alphabet Ice Cream: an a-z of alphabet fun
Sue Heap, Nick Sharratt

그림책 작가로 유명한 닉 새럿의 책이에요. 각 알파벳으로 시작하는 쉬운 단어를 아기자기한 그림으로 제시해요.

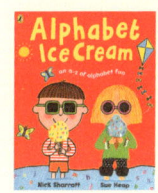

Eating the Alphabet
Lois Ehlert

각 알파벳으로 시작하는 다양한 과일과 채소를 그림과 함께 제시하고 있어서 쉽게 알파벳과 단어를 익힐 수 있어요.

Tomorrow's Alphabet
George Shannon, Donald Crews

각 알파벳에서 제시하는 단어들이 내일이 되면 무엇으로 변하는지 재치 있게 표현한 책이에요. 위의 그림책들과는 달리 각 알파벳으로 시작하는 사물이 아니라 그 사물이 미래에 변화하는 모습이 해당 알파벳을 나타낸답니다.

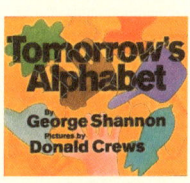

Q is for Duck
Aaron Blabey

각 알파벳이 왜 다른 단어와 연결되어 있는지 답을 생각하면서 재미있게 볼 수 있는 책이에요. 단순히 해당 알파벳으로 시작하는 단어를 제시하는 책보다는 한 차원 높은 수준의 책이라고 할 수 있어요.

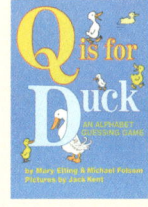

👍 **추천 알파벳 소개 영상**

알파벳을 소개하는 유튜브 영상의 대부분은 우리가 흔히 아는 ABC Song으로 알파벳을 순서대로 외우는 노래이지만 다음에 소개하는 영상은 각 알파벳을 단어와 함께 소개하는 영상이에요. 알파벳 영상은 다소 유치한 편이니 바로 파닉스 영상으로 넘어가도 좋아요.

 **Bounce Patrol-Kids Songs**

bit.ly/3FZIa8T

Alphabet 시리즈로 다양한 영상을 제공하고 있어요. 동물, 우주, 크리스마스, 직업 등 다양한 주제로 알파벳을 소개하는데 각 주제에 맞게 분장한 사람들이 나와 익살스러운 표정으로 해당 알파벳으로 시작하는 단어를 소개해요.

 **Blippi – Educational Videos for Kids**

bit.ly/3FTxx7o

1400만 구독자를 가진 인기 유튜버 블리피의 채널에도 알파벳을 소개하는 영상이 있어요. 상자에서 각 알파벳으로 시작하는 사물을 하나씩 꺼내며 소개하거나 트램펄린에서 뛰며 각 알파벳을 소개하는 영상 등이 있어서 재미있게 보기 좋아요.

파닉스 익히기

 파닉스는 문자와 소리의 관계를 학습하는 것으로, 알파벳 학습의 연장선에 있다고 할 수 있어요. 알파벳 학습이 각 알파벳의 모양과 음가를 하나씩 익히는 것이라면 파닉스는 여러 자음이나 모음을 결합해서 어떻게 읽어야 하는지 규칙을 익히는 것입니다.

 문자를 인식하고 소리로 연결하는 능력은 읽기를 성공적으로 해나가는 데 매우 중요합니다. '읽을 수 있다'라는 것은 기본적으로는 문자를 인식하고 인식한 문자에서 의미를 파악해 나가는 것입니다. 그리고 파닉스를 통해 문자와 소리의 관계와 규칙을 이해하는 것은 읽기 과정에서 가장 기본 단계에 해당합니다.

 한때 '총체적 언어 접근법(whole language approach)'의 영향으로 문자나 음소 등에 대한 이해보다 의미 파악이 더 중요하다고 강조되기도 했습니다. 그러나 이 방법은 외국어로서 영어를 접하는 환경에서는 부족한 점이 많다는 지적을 받았고, 문자와 소리의 규칙성을 이해하지 못하는 아이들은 독립적인 읽기를 하는 데 어려움을 겪었습니다.

유아기에 주로 소리를 중심으로 영어를 접했던 아이가 문자를 처음 접하게 되면 부담을 느끼기 마련입니다. 그러니 문자 인식을 기본으로 하여 의미를 파악하는 연습을 하는 것이 좋습니다. 즉 문자인 알파벳을 익힌 후에 패턴(pattern)을 가진 단어들을 통해 문자와 소리를 연결 짓는 파닉스 학습을 짧게라도 하는 것이 좋습니다. 파닉스 학습을 통해 기본적인 규칙을 익힌다면 좀 더 쉽게 읽기 학습에 접근할 수 있습니다.

그런데 영어는 알파벳 수보다 발음될 수 있는 소리가 훨씬 많은 언어입니다. 알파벳은 총 26개가 있지만 총 44개의 음소를 가지고 있어 문자와 소리가 일대일로 대응되지 않지요. 예를 들어 흔히 알고 있는 단어인 'city'와 'cat'에는 모두 알파벳 c가 들어있지만 하나는 [s]로, 다른 하나는 [k]로 소리가 납니다. 파닉스를 통해 이러한 문자와 발음의 관계를 이해하고 있으면 단어를 더 빨리 인식하고 의미를 파악할 수 있습니다.

물론 파닉스 규칙을 적용해서 읽을 수 있는 영어 단어는 전체의 70%밖에 되지 않습니다. 파닉스를 통해 배운 규칙대로 읽히지 않는 단어가 상당히 많지요. 그런데도 파닉스를 학습해야 하는 이유는 문자와 소리의 관계를 이해해서 논리적으로 읽는 방법을 배우기 위해서입니다. 파닉스 학습을 통해 읽기에 필요한 '체계'를 이해하면 그 체계를 활용해서 모르는 단어를 읽어보려고 시도할 수 있습니다.

영어의 문자를 익히고 거기에 소리를 연결하는 과정은 우리말을 익히는 과정과도 같습니다. 어떤 아이는 오랜 책 읽기를 통해 자연스럽게 문자를 깨우치기도 하고, 어떤 아이는 자음과 모음을 하나하나 익히고 음절을 읽는 연습부터 해나가기도 합니다.

부모로서는 아무래도 전자가 더 낫다고 느껴지실 거예요. 하지만 이렇게 자연스럽게 문자를 깨우치려면 상당 시간 영어에 노출되어야 합니다. 유아기 아이라면 몰라도 초3을 앞둔 아이에게는 너무 오랜 시간이 걸리는 방법이지요. 따라서 지금은 파닉스 학습을 바탕으로 책 읽기 등 다양한 활동을 병행하며 인풋 쌓기를 해야 합니다.

다만 준비 과정인 만큼 파닉스 학습을 장시간 지속할 필요는 없습니다. 지금 완벽하게 익힌다고 해서 영어를 술술 읽게 되는 것도 아니니까요. 준비 과정에서의 파닉스 학습은 한국어를 처음 배울 때 자음, 모음 및 간단한 받침 규칙만 먼저 배우는 것과 같습니다. 어느 정도 한국어를 능숙하게 구사하는 상태에서 구개음화나 자음동화 같은 규칙을 배워야 이해가 빠른 것처럼 영어도 충분한 인풋이 쌓여 있는 상태에서 심화 규칙을 익히는 것이 가장 이상적입니다.

단, 이제 영어를 시작하는 단계라면 아는 단어가 많이 없을 거예요. 그 상태에서 파닉스 학습을 오래 지속하는 것은 아이에게 부담이 될 수 있습니다. 파닉스 학습과 동시에 새로운 단어도 익혀야 하기 때문입니다. 따라서 지금은 파닉스의 기본 규칙을 간단히 익힌 후에 읽기를 통해 충분히 연습하는 것이 훨씬 더 효과적입니다.

01_ 적합한 파닉스 교재 선택하기

파닉스를 익히는 다양한 방법이 있지만 기본적으로는 파닉스 교재 한 권을 사서 차근차근 읽고 써보는 것이 좋습니다. 교재 한 권을 중심으로 규칙을 익히되 그림책이나 영상, 게임 등을 통해 즐겁게 다지는 거죠. 일반적으로 파닉스 교재는 쓰기도 함께 할 수 있게 되어 있으므로 아이가 알파벳을 좀 더 정확히 익히는 데에도 도움이 됩니다. 또 쓰기를 통해서 한 번 더 소리와 문자의 연결 관계를 생각할 수 있습니다.

앞서 밝힌 것처럼 사교육을 받지 않은 아이들은 학년이 올라갈수록 쓰기를 어려워하는 경우가 많습니다. 그러니 지금부터 조금씩 쓰기 활동을 병행해야 합니다.

시중에는 《스마트 파닉스》, 《파닉스 몬스터》, 《EFL 파닉스》, 《기적의 파닉스》 등 다양한 교재가 있습니다. 대부분의 책이 파닉스의 기본 지도 원리에 따라 단계별로 잘 구성되어 있으므로 서점에서 직접 책의 내용을 살펴보고 아이의 수준에 맞는 단계를 선택해서 시작하세요. 엄마가 아이에게 보여주기 좋은 책, 아이가 좋아하는 책으로 고르면 됩니다.

초등 저학년 아이들에게 추천하는 가장 무난한 교재는 《스마트 파닉스》입니다. 《스마트 파닉스》는 총 5단계로 1권은 알파벳 기본음을 단어를 통해 익힐 수 있고, 2권은 단모음, 3권은 장모음, 4권은 혼성자음과 이중자음, 5권은 이중모음에 관한 내용으로 이뤄져 있습니다. 각 단계는 Student Book과 Workbook으로 구성되어 있습니다. Student Book은 기본적인 파닉스 내용을 듣기, 읽기, 쓰기 등의 활동을 통해서 익힐 수 있고, Workbook은 Student Book에서 배운 내용을 좀 더 복습하고 다질 수 있는 내용입니다. 아이의 학습 상황에 따라 Workbook은 생략해도 됩니다.

각 단계를 순차적으로 모두 익히는 것이 이상적이지만 한 권을 끝내는 데 최소 2주 이상은 걸릴 테니 시간이 부족하다면 우선 2권 단모음 또는 3권 장모음을 시작하면서 다음 장에서 소개하는 리더스북 읽기와 병행하는 것도 좋습니다. 《스마트 파닉스》는 스마트폰 앱(App)을 무료로 활용할 수 있어 굳이 CD를 활용하지 않아도 듣기 음원을 간편하게 들을 수 있고 복습이나 게임도 할 수 있습니다. 유료 앱도 따로 있지만 교재가 있다면 무료 앱으로도 충분합니다.

《스마트 파닉스》나 《파닉스 몬스터》 등은 외국 출판사에서 만든 파닉스 교재여서 처음 접하는 분께는 다소 낯설게 느껴질 수 있을 거예요. 지문이 모두 영어로 되어 있어서 영어 울렁증이 있는 분이라면 펼쳐보고 금세 내려놓을 수도 있지요. 그런데, 차근차근 살펴보면 챕터의 구성이 반복되기 때문에 그다지 어렵지 않아요. 아이들은 매우 직관적으로 문제를 보고 판단하니 큰 지문의 내용만 부모님이 미리 파악하고 알려주면 금방 이해하고 풀어나갈 수 있어요. 그러니 너무 지레 겁먹고 포기하지 마세요.

만약 《스마트 파닉스》와 같은 외국 교재가 맞지 않는다고 생각되면 국내 출판사에서 나온 《기적의 파닉스》(길벗스쿨)나 《바쁜 초등학생을 위한 빠른 파닉스》(이지스에듀) 같은 교재를 한 권 사서 시작하는 것도 방법입니다. 어떤 교재이든 파닉스는 읽기 전 준비 과정일 뿐이니 교재를 끝까지 마치고 읽기에 들어가야 하는 것이 아니라는 것을 잊지 마세요. 아이가 알파벳의 음가를 익히는 것을 넘어 쉬운 영어 단어를 읽어나갈 수 있다면 충분히 리더스북 읽기를 시작할 수 있습니다. 리더스북 읽기와 파닉스 학습을 병행하면서 반복적으로 익히는 것이 좋습니다.

02_ 기본적인 파닉스 규칙 이해하기

대부분의 파닉스 교재는 알파벳 음가 익히기부터 시작하여 소리와 문자의 관계가 규칙적이고 일대일 대응이 되는 것부터 익히게 되어 있습니다. 상대적으로 쉬운 것부터 점진적으로 학습해 나가는 것입니다.

이는 영어 교육 연구 결과에 따른 것입니다. 여러 연구에서는 '단자음→단모음→혼성자음/이중자음→장모음→복모음/이중모음'의 순서로 학습할 것을 권장하고 있습니다. 앞서 소개한 파닉스 교재 역시 '단자음→단모음→혼성자음/이중자음→장모음→복모음/이중모음'의 순서로 구성되어 있으며, 영어 교과서에서도 기본적으로 자음을 모음보다 먼저, 초성을 종성보다 먼저 학습하도록 제시하고 있습니다.

파닉스에는 매우 다양한 예외가 존재하기 때문에 파닉스 교재만으로 모든 단어를 읽기는 어렵습니다. 그렇지만 한글에서 /ㄱ/이 [g]라고 소리 나는 것을 익히듯이 영어의 /c/가 [k] 또는 [s]의 음가를 가진다는 것을 이해해야 영어책 읽기에 쉽게 도전할 수 있습니다.

다음은 파닉스에서 가장 기본이 되는 단자음, 모음, 혼성자음/이중자음, 이중모음까지의 규칙입니다. 물론 부모님이 이 내용을 100% 이해하고 가르치기는 어렵지만 기본적인 내용을 알고 있으면 교재나 영상을 선택할 때 나만의 기준을 세우는 데 도움이 될 테니 시간 내어 한 번쯤 정독하시길 바랍니다.

① 단자음 중 문자와 소리가 규칙적으로 대응하는 자음

영어에는 21개의 자음이 있습니다. 자음은 모음보다 문자와 소리의 관계가 규칙적인 편이에요. EFL 교수법을 연구한 에디거는 자음을 문자와 소리의 관계가 규칙적인 일자일음(一字一音)과 하나의 문자가 여러 소리를 가지는 일자다음(一字多音)으로 구분해서 파닉스 학습 순서를 제시했어요.

일자일음은 문자 자체가 발음을 나타내는 자음으로 알파벳 b는 [b]로, 알파벳 f는 [f]로 소리가 나는 것을 말합니다. b, d, f, j, k, l, m, p, r, s, t, v, z가 포함됩니다. 이런 자음은 일부 예외를 제외하고는 하나의 대표음으로 소리

나므로 음가를 반드시 익혀두어야 합니다. 하나의 소리를 가지는 자음의 발음을 정확히 인지한 후에 개별 자음이 아닌 빈도수 상위 단어들을 중심으로 익히면 수월하게 파닉스 학습을 시작할 수 있습니다.

---

b [b] : bad, bat, big, bell   n [n] : neck, not, nut

d [d] : dad, desk, dog   p [p] : pen, pig, pot

f [f] : fan, fat, fun   r [r] : red, rip, run

h [h] : hat, hit, hot   s [s] : sad, sit, sun

j [j] : jam, jet, job   t [t] : tap, ten, top

l [l] : lap, leg, lip   v [v] : van, vet

m [m] : mad, man, mom   z [z] : zag, zip

---

② 단자음 중 문자와 소리가 불규칙적으로 대응하는 자음

파닉스가 어렵게 느껴지는 것은 문자와 소리의 관계가 불규칙한 경우가 많기 때문입니다. 하나의 문자가 여러 소리를 가지고 있는 자음의 대표적인 것이 바로 c와 g입니다.

알파벳 c는 [k]와 [s] 소리를 모두 가지는 문자로, [s]로 소리 나는 경우보다 [k]로 소리 나는 경우가 3배 이상 많습니다. 교육부에서 제시한 초등과정 권장 영어 기본 어휘에서도 [k] 소리가 나는 c가 사용된 영어 단어는 약 70여 개가 있지만 [s]를 가진 c가 사용된 영어 단어는 5개(certain, cinema, circle, city, cycle)에 불과합니다. 그리고 [s]로 소리 나는 c는 대부분 뒤에 e, i, y가 자리합니다.

> [k]로 발음 : **cat, color, copy, cow, culture** 등
>
> [s]로 발음 : **center, city, cinema, cynical** 등

알파벳 g도 두 가지의 소리를 가지는 자음입니다. 예를 들어 game은 [g]로 발음되어 [geɪm], giraffe는 [dʒ]로 발음되어 [dʒəræf]라고 읽습니다.

> [g]로 발음 : **garden, game, gold, grow** 등
>
> [dʒ]로 발음 : **gentleman, giraffe, gym** 등

g도 c와 마찬가지로 [dʒ]로 소리 나는 g는 뒤에 모두 e, i, y가 오고 또 [g]로 발음되는 경우가 [dʒ]보다 훨씬 많이 나타납니다. 그렇지만 예외가 있습니다.

> **get**[get], **gift**[gɪft], **girl**[gɜːrl], **give**[gɪv]

이 단어들은 g 뒤에 i나 e가 왔음에도 불구하고 [g]로 발음됩니다. e, i, y 가 올 때 [ʤ]로 발음된다는 규칙의 예외인 거죠. 거기다 이런 예외들은 사용 빈도도 높은 편이랍니다.

따라서 파닉스는 규칙을 달달 외우기보다는 규칙이 있는 단어부터 자연스럽게 먼저 익힌 후 예외적인 경우는 해당 단어를 여러 번 읽고 쓰면서 자연스럽게 체득해야 합니다.

③ 단모음과 장모음

영어 모음은 a, e, i, o, u 5개가 있어요. 자음보다 수가 훨씬 적은 편이지만 하나의 모음이 다양한 음가를 가질 수 있어요. 예를 들어 모음 a는 총 7개의 소리로 발음됩니다. 다음 단어에는 모두 a가 들어있지만, 발음이 제각기 달라요.

> **at**[æt], **about**[əbaʊt], **lace**[leɪs], **tall**[tɔːl], **many**[meni],
> **park**[pɑːrk], **shortage**[ʃɔːrtɪd]

이처럼 영어의 모음은 그 수가 적은 만큼 하나의 모음이 다양하게 발음됩니다. 또 짧은소리로도, 긴소리로도 발음될 수 있지요. 따라서 같은 구조의 단어에서 자음만 변경하여 읽으면서 모음 발음을 익히는 게 좋습니다. 예를 들어 'a'의 [æ] 소리를 연습하기 위해서 'bad, dad, sad'처럼 같은 구조로 이루어진 단어를 익히는 거예요.

모음을 익힐 때는 단모음부터 익히는 것이 바람직합니다. 단모음은 장모음보다 소리가 짧고 발음할 때 입 모양이 변하지 않는다는 특징이 있어요. 영어의 다섯 가지 모음인 a, e, i, o, u가 가장 기본이 되는 짧은소리로 발음되는 것으로 'a'는 [æ], 'e'는 [e], 'i'는 [ɪ], 'o'는 [ɑ], 'u'는 [ʌ]로 소리 나는 것을 말해요. 비교적 단순하죠.

이와 달리 장모음은 발음이 지속하는 시간이 상대적으로 길어요. a, e, i, o, u의 알파벳 이름대로 발음이 됩니다. 즉 'a'를 '에이([eɪ])', 'e'를 '이([i])', 'i'를 '아이([aɪ])', 'o'를 '오([oʊ])', 'u'를 '유([ju])'라고 읽습니다.

특히 '자음+모음+자음+e' 구조로 되어 있는 단어에서 'e'는 발음하지 않고 앞에 나오는 모음을 알파벳 이름대로 길게 발음하는 '매직e' 규칙을 알아두면 좋습니다.

> 단모음 / 장모음
>
> **mat**[mæt], **mate**[meɪt]
>
> **pet**[pet], **Pete**[píːt]
>
> **sit**[sɪt], **site**[saɪt]
>
> **not**[nɑːt], **note**[noʊt]
>
> **cut**[kʌt], **cute**[kjuːt]

아이가 단모음과 장모음을 동시에 접하면 하나의 문자에서 여러 발음을 익혀야 하므로 헷갈릴 수 있어요. 그래서 같은 모음이라도 단모음과 장모음을 함께 학습하는 것보다는 단모음을 먼저 익힌 후에 장모음을 연습하는 것이 좋습니다. 또 우선은 규칙을 따르는 단어를 중심으로 충분히 접하게 한 다음 예외적이지만 자주 사용되는 단어들을 통째로 익힐 수 있도록 해주세요. 예외 속에서도 나름의 규칙(!)을 찾는 즐거움을 발견할 수 있을 거예요.

④ 각운(rhyme)

모음을 익힐 때는 기본적인 음가를 먼저 익힌 후, 모음과 그 뒤에 결합한 자음을 함께 익히게 됩니다. 이때 초성을 제외하고 모음과 뒤에 나오는 자음 부분을 합쳐 '각운(rhyme)'이라고 부릅니다. 예를 들어 단어 'cat'에서 초성인 자음 c를 제외한 '-at' 부분이 각운입니다.

다행히도 같은 각운을 이루는 단어들은 대부분 규칙적으로 발음되는 편입니다. 'tall, fall, ball'과 같은 단어에 나타나는 각운 '-all'은 모두 [-ɔːl]로 발음되는 것처럼요. 그래서 자주 사용되는 각운을 익혀두면 읽기에 큰 도움이 됩니다.

다음은 사이트 워드 리스트로 유명한 프라이(Edward Fry) 박사가 제시한 빈도수 높은 각운 38개의 단어 목록입니다. 파닉스를 익히는 과정에서 다음의 단어를 쉽게 읽을 수 있게 지도하면 좋습니다.

각운	단어
-ay	jay, say, pay, day, play
-ill	hill, Bill, will, fill, spill
-ip	ship, dip, tip, skip, trip
-at	cat, fat, bat, rat, at
-am	ham, jam, dam, ram, Sam
-ag	bag, rag, tag, wag, sag
-ack	back, sack, jack, black, rack
-ank	bank, sank, tank, blank, drank
-ick	sick, Dick, pick, quick, chick
-ell	bell, sell, fell, tell, yell
-ot	pot, not, hot, dot, got
-ing	ring, sing, king, wing, hing

-ap	cap, map, tap, clap, trap
-unk	sunk, junk, bunk, flunk, skunk
-ail	pail, jail, nail, sail, tail
-ain	rain, pain, main, chain, plain
-eed	feed, seed, weed , need, freed
-y	my, by, dry, try, fly
-out	pout, trout, scout, shout, spout
-ug	rug, bug, hug, dug, tug
-op	mop, cop, pop, top, hop
-in	pin, tin, win, chin, thin
-an	pan, man, ran, tan, Dan
-est	best, nest, pest, rest, test
-ink	pink, sink, rink, link, drink
-ow	low, slow, trow, show, snow
-ew	new, few, chew, grew, blew
-ore	more, sore, tore, store, score
-ed	bed, red, fed, led, Ted
-ab	cab, dab, jab, lab, crab
-ob	cob, job, rob, Bob, knob
-ock	sock, rock, lock, dock, block
-ake	cake, lake, make, take, brake
-ine	line, nine, pine, fine, shine
-ight	knight, light, right, night, fight
-im	swim, him, Kim, rim, brim
-uck	duck, luck, suck, truck, buck
-um	gum, bum, hum, drum, plum

⑤ 반자음(반모음)

알파벳 w와 y는 영어에서 '반자음' 또는 '반모음'이라고 부릅니다. 반은 자음의 성격을, 반은 모음의 성격을 지니고 있기 때문입니다. 예를 들어 w가 모음 앞에 있을 때는 'watch[wɔːtʃ]'나 'window[wɪndoʊ]'처럼 자음으로 발음됩니다. 하지만 'how[haʊ]'나 'few[fjuː]'처럼 다른 모음 뒤에 위치해 모음 역할을 하기도 하죠. y도 마찬가지이고요.

> **w**가 자음으로 역할을 하는 경우 : **watch**[wɑːtʃ]
>
> **w**가 모음으로 역할을 하는 경우 : **how**[haʊ]
>
> **y**가 자음으로 역할을 하는 경우 : **yellow**[jeloʊ]
>
> **y**가 모음으로 역할을 하는 경우 : **toy**[tɔɪ]

w와 y가 모음의 역할을 할 때는 다른 모음과 함께 이중모음의 일부분 역할을 해요. 한국어에서 모음 'ㅣ'나 'ㅗ'가 다른 모음을 만나 'ㅑ'나 'ㅘ'와 같은 이중모음으로 발음되는 것과 비슷합니다. 함께 결합하는 모음에 따라 어떻게 소리 나는지를 단어를 통해 익힐 수 있도록 해주세요.

⑥ 혼성자음

혼성자음과 이중자음은 모두 '자음이 연속해서 오는 것'을 말하지만 조금 차이가 있어요. 먼저 혼성자음은 '모음 없이 두 개 이상의 자음이 연속해서 나오고 각각의 음가 그대로 발음되는 것'을 말합니다. 그래서 '연속자음' 또는 '자음군'이라고 불리기도 해요. 예를 들어 나무를 뜻하는 'tree'는 자음 t와 r이 연이어 위치하고 't'와 'r'의 소리가 그대로 연결되어 발음됩니다.

혼성자음은 크게 'L' 계열, 'R' 계열, 'S' 계열로 나눌 수 있습니다.

> L 혼성자음 : **bl, cl, fl, gl, pl, sl**
>
> R 혼성자음 : **br, cr, dr, fr, gr, pr, tr**
>
> S 혼성자음 : **sc, sk, sm, sn, sp, st, sw**

초등과정 권장 영어 기본 어휘에 포함된 2개의 혼성자음 단어는 다음과 같아요. 이것 말고도 혼성자음을 사용한 단어가 많지만 기본 단어를 익히면 다른 단어들도 자연스럽게 파닉스 규칙에 맞춰 읽을 수 있으니 다음 단어들을 쉽게 읽을 수 있도록 지도해주세요.

혼성자음	단어
bl	black, block, blood, blue
cl	class, classroom, clean, clear, clerk, clever, climb, clip, clock, close, cloth, cloud, club
fl	flag, floor, flower, fly
gl	glad, glass, glove, glue
pl	place, plan, play, please
sl	sleep, slow
br	brain, brake, branch, brand, brave, bread, break, breakfast, bridge, bright, bring, brother, brown, brush
cr	crazy, cross, crowd, crown, cry
dr	draw, dream, drink, drive, drop, dry
fr	free, fresh, friend, frog, from, front, fruit, fry
gr	grandfather, grape, grass, great, green, grey/gray, ground, group, grow
pr	present, pretty, prince, print, prize, problem
tr	train, travel, tree, triangle, trip, true, try
sc	school, science, scissors, score
sk	skin, skirt, sky
sm	small, smart, smell, smile
sn	snow
sp	space, speak, speed, spoon
st	stand, start, stay, stone, stop, store, story
sw	swim

⑦ 이중자음

이중자음도 혼성자음처럼 두 개의 자음이 연속해서 나옵니다. 하지만 두 자음이 만나 하나의 새로운 소리로 발음된다는 차이가 있어요. 예를 들어 단어 'chair'처럼 자음 c와 h가 만나 [tʃ]라는 새로운 음가를 갖게 되는 것이죠. 아니면 단어 'know'처럼 두 개의 자음이 만나 하나는 묵음이 되고 하나만 발음되기도 하고요. 아래는 비교적 규칙적이면서도 사용 빈도가 높은 이중자음 목록입니다.

이중자음	단어
ch [tʃ]	beach, branch, chain, chair, chance, change, cheap, check, child, choose, church, lunch, much, rich, touch
ph [f]	dolphin, elephant, telephone
sh [ʃ]	brush, dish, fish, she, shoe, show, wish
th① [θ]	bath, birthday, month, mouth, thank, thing, think, tooth
th② [ð]	brother, father, mother, that, there, this, together, weather, with
kn [n]	knife, know
wh [w]	what, when, where, white
wr [r]	write, wrong
gh [g]	ghost
-ng [ŋ]	evening, livingroom, morning, nothing, sing

⑧ 이중모음

이중모음은 두 개의 모음이 연속으로 나오는 것입니다. 반모음 w나 y가 결합하여 'boy[bɔɪ]'처럼 o의 [ɔ]와 반모음 y의 [ɪ] 소리를 함께 발음하는 경우도 있고, 앞서 설명한 이중자음처럼 두 개의 모음이 만나 하나의 새로운 발음을 갖게 되는 경우도 있습니다. 단어 'hear'에서 모음 e와 a가 만나 '[hɪr]'라고 소리 나는 것처럼 말이지요.

예외가 있긴 하지만 이중모음에서 알아야 할 주요 규칙은 바로 '모음과 모음이 만나면 첫 모음의 알파벳 이름으로 발음'하는 것이에요. 즉, 두 개의 모음이 만났을 때 첫 번째 모음은 자신의 알파벳 이름으로 발음하고, 두 번째 모음은 발음하지 않는 거지요.

brain[breɪn], **heat**[hiːt], **lie**[laɪ], **boat**[boʊt]

첫 번째 예시 단어인 'brain'은 알파벳 a와 i가 만나서 a의 알파벳 이름인 '에이[eɪ]'로 소리가 나고 두 번째 모음인 'i'는 소리가 나지 않는 묵음이에요. 나머지 단어들도 모두 앞의 모음의 이름인 '이', '아이', '오우'로 소리 난답니다. 물론 이 규칙 역시 다른 파닉스 규칙들과 마찬가지로 예외가 많은 편이에요. 예를 들어 'believe[bɪliːv]'라는 단어의 가운데에도 모음 i와 e가 오지만 i의 알파벳 이름인 '아이'가 아니라 e의 알파벳 이름 '이'로 읽고 있답니다. 'build', 'guard' 같은 단어들도 위의 규칙이 지켜지지 않는 경우이고요.

어떠세요? 파닉스 규칙이 너무 어렵게 느껴지신다고요? 물론 아이가 파닉스를 학습할 때는 앞에서 소개한 이론적인 부분을 깊게 파고들 필요는 없어요. 아이가 지금 배우는 것은 영어이지 영어학이 아니니까요. 기본적인 원칙을 이해한 후 단어 속에서 읽고 쓰는 연습을 하면서 익혀나갈 거예요.

하지만 부모님이 어느 정도 파닉스의 이론적인 내용을 이해하고 있는 것은 엄마표 영어를 진행하는 데 큰 도움이 될 거예요. 아이가 학습하는 내용이 무엇인지 알아야 학습 과정을 이해하고 필요한 자료를 알맞게 찾아줄 수 있기 때문이죠.

다음에 소개하는 파닉스 그림책이나 파닉스 영상을 통해 파닉스를 익히는 것도 도움이 됩니다. 영상의 대부분이 유·아동을 대상으로 만들어졌기 때문에 다소 유치할 수 있지만, 책으로만 익히는 것보다 재미있게 배울 수 있습니다. 유튜브에 국내외 다양한 채널에서 만든 파닉스 영상들이 있으니 아이의 취향에 맞게 골라 보세요.

추천 파닉스 그림책

파닉스 교재를 중심으로 파닉스를 익히면서 동시에 파닉스 규칙을 적용한 단어들이 제시된 그림책을 함께 보는 것도 좋습니다. 특히 닥터 수스의 책은 재미있게 파닉스를 익히기에 좋은데 《Hop on Pop》은 미국에서도 아이들이 파닉스를 배울 때 한 번씩은 볼만큼 오랫동안 사랑받는 책입니다.

《Hop on Pop》을 비롯한 닥터 수스의 책은 워드 패밀리(Word Family)를 활용해 각운(rhyme)을 잘 살리고 있으므로 단어를 확장하는 데에도 도움이 됩니다. 워드 패밀리는 어휘군, 즉 같은 기본 형태에서 파생되어 나온 단어나 공통 패턴을 가진 단어의 그룹을 말합니다. 예를 들어 '-ag'의 워드 패밀리로는 'bag, tag, wag' 등이 있습니다. 파닉스 그림책을 소리 내어 읽으며 교재에서 학습한 내용을 다지도록 하면 좋습니다.

Hop on Pop

Green Eggs and Ham

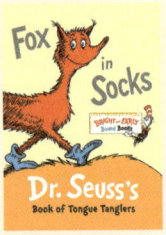
Fox in Socks

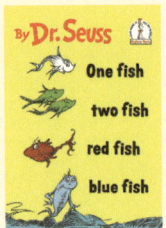
One fish two fish red fish blue fish

디코더블 리더스북

물론 파닉스를 학습했다고 해서 바로 리더스북이나 그림책을 유창하게 읽을 수 있는 것은 아닙니다. 리더스북이 영어 수준에 맞춰 단계별로 나오기는 하지만 그동안 쌓인 영어 인풋이 적은 아이에게는 그마저도 힘들 수 있거든요. 이때 도움이 될 수 있는 또 다른 책은 바로 '디코더블 리더스북(Decodable Readers)'입니다. 디코더블 리더스북은 학습한 파닉스 규칙을 하나씩 연습할 수 있도록 만든 책이에요. 리더스라는 이름에서 알 수 있듯이 단계별로 구성된 읽기 훈련용 책이기 때문에 이제 막 읽기를 시작한 아이들에게 도움이 되는 책입니다.

디코더블 리더스북은 파닉스 규칙 단어와 뒤에서 따로 설명할 사이트 워드로 이뤄져 있습니다. 교재로만 파닉스를 익힐 때 주로 단어를 중심으로 연습하다 보니 다음 진도를 나가면 앞서 배운 내용을 잊어버리는 경우가 많아요. 이때 디코더블 리더스북을 활용하면 교재를 통해 익힌 파닉스 규칙과 단어를 문장을 통해서도 익힐 수 있어 좋아요. 무엇보다 영어를 시작하는 단계에서 아이가 스스로 읽을 수 있다는 자신감과 성취감을 느낄 수 있다는 장점이 있습니다.

다만 디코더블 리더스북은 사용하는 어휘가 한정적이다 보니 이야기가 다소 단조롭고, 좀 더 글에 집중하도록 그림 역시 단순한 편이에요. 그림이 흑백인 경우도 있고요. 그러니 디코더블 리더스북만 활용하는 것보다는 다른 다양한 책과 영상을 함께 보도록 하는 것이 좋습니다. 추천하는 디코더블 리더스북으로는 'Primary Phonics' 시리즈나 'NIR(Now I'm Reading)', 'Bob Books' 등이 있습니다. 그밖에 유명 출판사에서 파닉스 리더스로 나온 책을 활용해도 좋아요.

Primary Phonics

NIR(Now I'm Reading)

Bob Books

영어사전

파닉스 학습 시기에 함께 보면 좋은 또 다른 책은 바로 영어사전입니다. 영어사전에는 같은 알파벳으로 시작하는 단어들이 모여 있으므로 읽기 연습을 하기에도 좋고 단어를 문자와 함께 익힐 수 있다는 장점이 있습니다. 무엇보다 어린이 영어사전은 그냥 봐도 흥미롭습니다. 단어 대부분에 그림이 함께 나와서 마치 그림책을 보듯이 책장을 넘기며 다양한 그림을 살펴보는 재미가 있어요.

이 시기의 영어사전은 단어를 찾는 용도보다 단어를 확장하는 용도로 활용하는 것이 바람직합니다. 특히 어린이 영어사전에는 사이트 워드처럼 아이들이 기본적으로 알아야 할 단어들이 담겨있어 어휘력 향상에 큰 도움이 될 수 있습니다.

영어사전을 활용할 때는 사전을 통해 확인한 단어를 소리로도 확인하는 게 좋습니다. 구글이나 네이버 사전을 통해 발음을 들어보거나 책에 포함된 음원을 활용할 수 있는데 아무래도 책에 음원이 포함된 것을 활용하는 것이 여러모로 편리하겠지요. 그래서 이 시기에 추천하는 영어사전은 DK에서 나온 《My First Dictionary: 1,000 Words, Pictures, and Definitions》입니다. CD가 함께 구성된 책을 살 수 있고 세이펜 버전으로도 나와 있어서 활용도가 높아요. 상대적으로 쉬운 편이긴 하지만 《My First 1000 Words》도 아이들이 재미있게 보는 사전입니다. 주제별로 모은 단어들을 디즈니 인기캐릭터로 표현하고 있어요. 국내에서 출간된 버전은 세이펜도 사용 가능하여 역시 활용도가 높습니다.

My First Dictionary

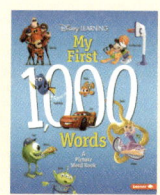

My First 1000 Words

👍 **추천 파닉스 영상**

 **Alphablocks**

bit.ly/3DxoZl9

유·아동을 대상으로 한 유명한 영어 교육 채널이에요. 각 알파벳이 하나의 캐릭터로 설정되어 있어요. 캐릭터들이 함께 어울리며 소리를 만들어내는 과정을 통해 파닉스의 원리를 알 수 있습니다.

 **Preschool Prep Company**

bit.ly/3oswzcs

유아를 위한 교육 상품을 제작, 판매하는 유명한 회사의 유튜브 채널이에요. 알파벳, 파닉스, 사이트 워드 영상을 단계별로 볼 수 있습니다.

 **englishbyul**

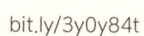

미국 뉴욕의 초등학교에서 아이들을 가르치고 있는 선생님(별샘)의 유튜브 채널이에요. 알파벳 소릿값을 중심으로 파닉스를 재미있게 설명하고 있어요.

 **Scholastic Phonics Readers**

스콜라스틱 출판사의 파닉스 리더스 영상이에요. 단계별로 제공하고 있고 First Little Readers까지 함께 제공하고 있으니 연계해서 보기 좋아요. 쿠팡플레이에서 볼 수 있습니다.

듣기의 기본이 되는 영상보기

외국어 학습에서 듣기는 매우 중요한 활동입니다. 최근 들어 듣기의 중요성이 더 주목받고 있지요. 유아기에 영어를 시작한 아이들은 문자를 익히기 어렵기 때문에 당연히 듣는 것부터 시작해야 했어요. 그런데 초등 이후에 영어를 시작해도 마찬가지입니다. 듣기를 통해 영어의 소리를 듣고 구별할 수 있어야 영어 인풋을 받아들일 수 있게 됩니다. 우리는 지금 학교 수업을 앞두고 읽기를 위한 문자 학습을 함께 진행하고 있지만, 기본은 '듣기'라는 것을 명심해주세요. 듣기가 충분히 되면 읽기를 통한 인풋도 더 잘 받아들일 수 있게 됩니다.

읽기로만 영어를 받아들이는 것은 과거 부모 세대가 배웠던 들리지 않는 영어, 말하지 못하는 영어 학습법을 답습하는 것과 같아요. 시험에서 고득점을 받아도 말 한마디 못하는 경우가 되는 거죠. 또 읽기를 통해 영어의 노출량을 채우는 것은 한계가 있으니 듣기가 함께 수행되어야 합니다.

읽기와 듣기 두 가지 모두 영어를 익히는 과정에서 꼭 필요한 활동이에요. 하지만 듣기와 읽기 중에서도 더 중요한 것을 선택해야 한다면 단연 '듣기'입니다. 소리에 대한 노출이 영어 실력 향상에 절대적인 역할을 하니 반드시 듣기를 통해 귀를 열도록 도와주세요.

01_영상으로 흘려듣기

유아기에 엄마표 영어를 시작한다면 듣기의 방법은 시도 때도 없이 영어 동요 틀어주기가 될 거예요. 그런데 지금은 다르죠. 듣기를 영어 동요로 한정한다면 일단 거부감이 들고, 오디오 음원으로만 듣기를 진행하면 아이가 집중할 수 있는 시간에 한계가 있습니다. 소리에만 집중하는 것은 굉장한 집중력을 요구하는 활동이거든요. 어른에게도 힘들고 지루한 일을 어린아이에게 오랜 시간 붙들고 있으라고 강요할 수는 없어요. 그래서 소위 말하는 영상을 통한 '흘려듣기'를 책을 활용한 '집중듣기'와 함께하는 것입니다. 책을 통해 들은 단어가 영상에서 나오고 영상을 통해 들은 단어를 책을 통해 확인하면서, 이렇게 두 가지가 상호보완하며 더 큰 학습효과를 만들어내게 됩니다.

영상보기의 가장 큰 특징이자 장점은 소리가 '영상과 함께' 제공된다는 것입니다. 영상의 도움을 받을 수 있으므로 소리만 듣는 것보다 훨씬 더 쉽게 의미를 유추할 수 있습니다. 영어 입력에서 이해 가능한 인풋(comprehensible input)을 쌓는 것은 매우 중요합니다. 인풋을 많이 쌓는 것도 중요하지만 그것을 이해하지 못하면 효과가 크게 떨어지기 때문입니다. 이해 가능한 것을 반복적으로 듣는 것이 가장 효과적인데, 그런 면에서 영상보기는 화면을 통해 맥락 파악에 도움을 받을 수 있으므로 인풋에 대한 이해도를 높인다는 장점이 있습니다.

이건 우리가 책 읽기를 시작하면서 그림책을 보는 것과도 같습니다. 그림이나 영상을 통해 내용을 파악하는 데 도움을 주는 것이죠. 그림 옆에서 상황을 일일이 설명해주지 않아도 어떤 상황인지, 무슨 말을 하고 있는지 감을 잡을 수 있습니다. 그러기 위해서는 우선 이미지가 내용을 명확하게 전달하고 있는 걸 골라야 하겠죠? 영상 속 캐릭터의 표정이나 행동, 말투 등이 내용을 충분히 표현하고 있는 것을 선택하면 더 효과적으로 영어 인풋을 쌓는 데 도움이 될 거예요.

두 번째 특징이자 장점은 영어 영상은 재미있고 다양하다는 것입니다. 처음부터 영어로 된 영상을 좋아하기는 힘들지만 그래도 다른 노출 방법보다는 아이의 거부감을 훨씬 줄일 수 있어요. 일단 영어 영상을 보는 것에 익숙해지기만 하면 그 뒤부터는 순조롭게 진행할 수 있지요. 영어 인풋은 임계치에 도달할 때까지 계속해서 쌓아주는 것이 필요한데 하기 싫은 것을 억지로 한다면 오래 하기 힘듭니다. 더 심한 경우 영어를 거부하는 일도 생길 수 있고요. 그런 면에서 일단 영상은 그 자체가 주는 재미가 있으므로 대부분의 아이가 시도를 거부하지는 않아요. 시각적으로 시선을 끌기 때문에 설령 무슨 내용인지 이해하기 어려워도 보려고는 하죠. 즉 타협이 가능합니다.

이 기회를 성공으로 이끌려면 우선 아이의 흥미에 맞는 재미있는 영상을 골라야 합니다. 재미있는 영상을 통해 우연적 학습(incidental learning)이 일어날 수 있도록 해주는 거예요. 우연적 학습은 의도하지 않았지만 배움이 이루어진 것을 말하는데, 즐겁게 영상을 보다 보니 자연스럽게 영어 단어나 문법을 익히게 된 경우를 말합니다. 즐기면서 영어를 습득하다니, 정말 이상적인 방법이 아닐 수 없어요. 그런데 1~2년만 더 지나도 아이가 이렇게 우연적 학습을 할 여유가 없습니다. 지금 이 기회를 놓치지 않기 위해 엄마가 해야 할 일은 아이가 좋아할 만한 영상을 찾아 보여주는 것, 즉 아이의 취향저격 영상을 발견하는 것입니다. 아이 스스로 영상보기가 재미있다고 여겨지면 시키지 않아도 보려고 할 거예요.

영상보기의 또 다른 장점은 일상에서 자주 사용하는 생생한 표현을 익힐 수 있다는 것입니다. 책이나 문제집을 통해 학습한 많은 표현은 실제 상황에서 사용되지 않는 경우가 많아요. 실생활에서 사용하는 영어 표현은 직접 영미권에서 생활하며 익히는 것이 가장 이상적이지만 그러기가 어렵죠. 매일 원어민과 회화 수업을 할 수도 없고요. 현실적으로 국내에서 영어 사용을 간접 체험할 수 있는 가장 효과적인 방법이 바로 영상보기입니다. 영상을 통해 영어 사용 상황을 직접 보고 들으며 자연스러운 영어 습득이 가능하도록 하는 것이죠.

우리가 현실에서 하는 실제 대화에는 언어 외에 다양한 요소가 포함되어 있어요. 그 사람의 표정이나 행동, 제스처가 많은 의미를 나타내지요. 예를 들어 영어에는 'Air Quotes(허공의 인용부호)'라는 게 있는데, 검지와 중지로 따옴표 모양을 만들어 토끼 귀처럼 접었다 펴는 행동을 하는 거예요. 대화 중에 이런 행동을 하면 그 단어는 액면 그대로 이해해서는 안 된답니다. 하지만 이 행동의 의미를 모른다면 단어의 뜻 그대로 이해하는 수밖에 없겠지요. 이런 비언어적 요소에는 그 언어를 사용하는 사람들의 습관과 문화가 담겨 있어요. 책을 통한 언어 학습에서는 원활하게 배울 수 없는 그런 면이지요.

이처럼 영상보기는 아주 중요한 역할을 합니다. 쉽게 접근할 수 있으면서도 인풋을 쌓는 데 효과적이지요. 영어책 읽기도 함께하고 있으니 더 큰 시너지 효과를 낼 수 있어요.

영유아기 때는 '영상 노출이 아이의 발달을 지연시키지 않을까?' 하는 걱정에 영상 노출을 꺼리는 분도 많았을 거예요. 그러나 미디어 노출을 언제까지고 막을 수는 없어요. 오히려 아이와 영상보기로 실랑이하던 그 시간을 영어 인풋 쌓기에 활용해보세요. 지금은 영어 인풋을 왕창 쏟아부어야 하는 시기이니 선심을 쓰듯 하루에 한 시간은 영어 영상을 볼 수 있도록 하는 거예요. 아이가 보고 싶어 할 만한 영상을 먼저 골라둔 뒤 그 안에서 스스로 볼 영상을 선택하게 해주면 아이는 낯선 영어 영상도 흥미롭게 보면서 자신도 모르는 사이에 영어를 습득하게 될 거예요.

만약 시간으로 기준을 세우기 어렵다면 영상의 상영 시간을 미리 확인하여 하루 두 편, 또는 세 편과 같이 편 수를 기준으로 보여주면 됩니다. 아이의 성향에 따라 밀고 당기기의 기술을 적절히 이용하세요.

02_어떤 영상이 준비 단계에 적합할까?

아이가 초등학교에 진학한 이후 영어를 시작하게 되면 유아기 때보다 빠르게 이해할 수 있다는 장점이 있습니다. 학습적인 부분에서 많이 성장했기 때문이죠. 그런데 단점도 있습니다. 그중 하나가 자신의 영어 수준에 맞는 영어 콘텐츠를 지루해한다는 점입니다. 영어 습득 초기에 적합한 쉽고 잔잔한 영상들을 아이에게 들이밀기 어려워집니다. 아이는 여러 면에서 성장했기 때문에 그런 영상은 시시하다고 여길 수 있거든요.

사실 어렸을 때부터 영어를 접한 아이들에게는 수준에 맞는 영상을 고려할 수 있지만 이제 막 영어를 시작한 초등 아이들에게는 그런 것을 논하는 게 무의미할 수 있어요. 지금 수준에 맞는 영상들은 대부분 말을 배우기 시작하는 영유아를 대상으로 하고 있기 때문이에요.

결국, 영상을 보기 시작하는 초반에는 아이와 타협하는 수밖에 없어요. 쉽고 잔잔한 영상을 잘 봐준다면 정말 이상적이겠지만 그렇지 않다면 아이가 고른 영상과 엄마가 고른 영상을 모두 볼 수 있게 해주세요. 본인이 보고 싶어하는 영상을 보되 엄마가 추천하는 영상도 함께 보는 것이죠.

일단은 영어 영상을 보는 습관을 들이고 영상보기의 재미를 찾는 게 우선입니다. 아이가 보고 싶어하는 영상이 있다면 너무 폭력적이거나 선정적이지 않은 이상 볼 수 있게 해주세요. 그러다 점차 듣기, 읽기 인풋이 쌓이면 전보다 영상을 통해 받아들일 수 있는 영어가 많아지고, 아이의 영어 실력과 영상 수준의 간격이 조금씩 줄어들면서 결국 수준에 맞는 영상을 즐길 수 있게 될 거예요.

아이들은 자신의 수준보다 높은 영상도 잘 보는 경우가 많은데 이는 앞서 이야기한 영상의 장점이자 특징 때문이에요. 바로 영상 자체가 주는 재미와 이미지를 통해 내용 파악에 도움을 받을 수 있다는 점이죠. 영상을 즐겁고 편하게 보아야 자연스럽게 귀가 열리고 소리도 들리게 될 거예요. 도대체 아이가 이해하며 보고 있는 게 맞는지 의문이 들어도 아이가 잘 보고 있다면 그대로 보게 해주세요. 영상을 선택할 수 있는 범위를 조금 넓게 잡은 다음 그 안에서 자유롭게 볼 수 있도록 하는 것이 좋습니다.

03_아이가 좋아하는 영상 발견하기

영상이든 그림책이든 아이를 대상으로 한 교육에서는 무조건 재미있는 것을 골라야 합니다. 이때는 재미가 가장 큰 동기가 되는 시기니까요. 그러니 영상을 고를 때는 흥미를 최우선에 두세요.

아이가 아무리 성장했다고 해도 여전히 아이는 아이예요. 성인이 된 우리는 하기 싫은 일도 억지로 참고하지만 아이에게는 그게 힘들어요. 영어 인풋을 쌓는 활동은 하루 이틀에 그치는 것이 아니라 지금의 과정을 시작으로 앞으로 최소 몇 년은 더 지속해야 합니다. 진정으로 즐길 수 있어야 무엇이든 오래 할 힘이 생긴답니다.

엄마표 영어에서 엄마·아빠의 가장 중요한 역할은 바로 아이가 좋아하는 콘텐츠를 찾아내는 겁니다. 아이가 좋아하는 영상을 찾으려면 평소 아이의 취향에 관심을 기울여야 해요. 아이가 좋아하는 주제나 캐릭터를 살펴보고, 어떤 책을 잘 읽는지 알아두는 것도 큰 도움이 돼요. 특히 아이가 좋아하는 책을 영상으로 연계해서 보여주면 아이가 더욱 내용에 빠져들 수 있을 거예요.

영상을 고르는 과정을 즐겁게 만들어주는 것도 아이가 영상보기에 몰입하는 데 도움이 됩니다. 앞에서 이야기한 것처럼 아이와 함께 좋아하는 영상을 하나씩 찾아보는 거죠. 유튜브나 넷플릭스 등에서 같이 맛보기 영상을 보면서 어떤 영상이 재미있을지 이야기를 나눠보세요. 그 과정에서 아이는 새로운 것을 탐색하는 재미를 느낄 수 있을 거예요. 그리고 아이 스스로 자신이 볼 영상을 결정하게 해주면 아이는 그 결정을 지키려고 더 노력하게 됩니다. 즉, 자율성을 주는 거예요.

어떤 일을 실행해 나가는 데 있어 스스로 결정하고 따르는 자율성은 정말 중요하답니다. 오랜 동기 연구가인 댄 핑크(Dan Pink)가 동기 부여를 위해 강조한 세 가지는 바로 자율성(autonomy), 목적(purpose), 숙련(mastery)입니다. 자율성을 가지는 것, 즉 스스로 선택할 수 있다는 것은 어떤 일을 계속 실천해나갈 힘을 더 크게 줄 수 있다고 해요. 아이가 좀 더 능동적이고 책임감 있게 영상을 보려면 엄마가 시켜서 억지로 보는 것이 아니라 아이 스스로 보고 싶어서 보는 것이 되어야 합니다.

04_영상 플랫폼 선택하기

① 유튜브

아이들에게 손쉽게 영상을 보여주기에는 유튜브만큼 좋은 것이 없어요. 없는 영상이 없을 정도로 다양한 영상을 보유하고 있으니까요. 다만 유튜브의 치명적인 단점은 알고리즘으로 인해 의도하지 않았던 다른 영상에 쉽게 노출될 수 있고 영상 중간중간에 나오는 광고 때문에 시청 흐름이 끊긴다는 점이에요. 따라서 아이에게 올바른 미디어 활용 습관이 자리 잡히기 전에는 유튜브를 활용할 때 세심한 주의를 기울여야 해요.

기본적으로는 유튜브의 영상을 볼 때 '재생목록' 기능을 활용하는 것을 추천합니다. 카테고리에 따라 재생목록을 만들어 아이에게 보여줄 영상을 미리 담아두면 재생목록에 포함된 영상이 차례대로 재생되기 때문에 다른 불필요한 영상에 노출되는 염려를 줄일 수 있어요.

될 수 있으면 월정액을 내는 유튜브 프리미엄에 가입하기를 권합니다. 유튜브 프리미엄에 가입하면 광고 없이 영상을 볼 수 있고 영상을 내려받아 일정 기간 네트워크 연결 없이도 영상을 볼 수 있어요. 아이가 좋아할 만한 영상을 미리 내려받은 후 그 안에서 아이가 영상을 선택해서 보는 거죠. 현재 유튜브 프리미엄은 1개월 무료 체험이 가능하니 먼저 무료로 이용해 본 후 가입 여부를 정하는 것도 좋습니다.

유튜브는 아무래도 이용자들의 흥미 위주로 구성되어 있어서 어린아이들이 스스로 자제해서 보는 것이 힘들어요. 아이의 관심을 끄는 영상이 너무나도 많으니까요. 이때 스마트폰과 스마트TV의 화면 공유(미러링) 서비스를 활용하면 다른 영상으로 아이의 관심이 분산되는 것을 막을 수 있습니다. 괜한 호기심을 키워 아이와 불필요한 실랑이를 할 필요는 없으니 아이가 쉽게 화면을 조작할 수 없도록 하는 것이 흐름을 끊지 않고 영상을 보여주는 데 도움이 될 거예요. 최대한 아이가 영상에 집중할 방법을 선택해서 유튜브의 장점을 적극적으로 활용하세요. 가능하다면 부모님이 아이가 영상을 시청할 때 함께 보는 것이 가장 좋아요.

② DVD

영상보기를 시작하는 초기 단계에는 몇 가지 영상을 반복해서 보여주는 것이 효과가 좋으므로 DVD를 활용하는 것도 좋습니다. 유튜브는 영상에 대한 아이의 흥미를 알아보는 용으로 활용하고 본격적인 시청은 DVD로 하는 거예요.

아이들에게 좋은 교육용 영상은 DVD로 제작된 경우가 많습니다. 유튜브에 정말 많은 영상이 올라와 있지만 일부는 풀버전이 아닌 경우도 많고 화질이 떨어지기도 합니다. 반면 DVD는 훨씬 더 좋은 화질로 전체 에피소드를 볼 수 있고, 아이의 관심이 분산되지 않도록 딱 필요한 영상만 시청하게 할 수 있습니다. 그러다 아이가 영어 영상보기에 익숙해지고 영상을 끊임없이 제공해주어야 하는 때가 오면 유튜브나 넷플릭스 등을 활용하는 것이죠.

요즘은 CD/DVD 겸용 플레이어가 대부분이니 평소에는 영어 듣기를 위해 CD 플레이어로 활용하다가 필요에 따라 TV에 연결해서 DVD 플레이어로 활용해보세요. DVD는 엠앤브이(mnv.kr)와 같은 전문 사이트나 영어원서 전문 서점을 통해서 살 수 있고 인터넷 맘카페의 공구를 통해서도 구입이 가능합니다. 또 일부 도서관에서도 DVD를 빌려주고 있으니 근처 도서관의 영어 DVD 소장 목록을 확인해보세요.

③ 유튜브 키즈

유튜브 키즈 앱은 아이가 볼 수 있는 영상의 범위나 시청 시간 등을 통제할 수 있어서 유튜브를 이용하는 것보다 걱정을 덜 수 있어요. 또 광고가 없어 영상 시청 중간에 아이가 불필요한 광고에 노출되거나 영상의 흐름이 끊기는 것을 막을 수 있지요. 유튜브의 CEO인 수잔 보이치키(Susan Wojcicki) 역시 자신의 아이들에게 유튜브 키즈만 보여준다고 해요.

유튜브 키즈는 유튜브와는 또 다른 앱이기 때문에 따로 설치해야 합니다. 유튜브 키즈에서는 기본적으로 프로필을 설정할 때 아이의 나이를 입력해야 하고 유아 및 미취학 아동(만 4세 이하), 저학년 아동(만 5~8세), 고학년 아동(만 9~12세)으로 시청 가능한 콘텐츠의 범위를 설정할 수 있어요. 처음부터 아이가 볼 영상을 엄마·아빠가 직접 설정할 수도 있고 정해진 범위 내에서 아이가 직접 영상을 검색할 수 있도록 허용하거나 특정 채널이나 영상을 차단할 수도 있습니다. 아예 타이머 기능을 통해 아이의 영상 시청 시간을 제한할 수도 있어서 아이가 무분별하게 영상에 빠지는 것을 막을 수 있답니다.

다만 유튜브 키즈를 사용한다고 해서 아이의 유튜브 활용에 온전히 마음을 놓아도 되는 것은 아닙니다. 키즈 채널에도 여전히 아이들에게 유익하지 않은 영상이 있기 때문이에요. 또 광고가 없다 보니 일부 채널은 보이지 않는 경우도 있고 같은 채널이라도 오리지널 유튜브와는 영상의 수가 차이 날 수 있습니다. 하지만 이런 단점들에도 불구하고 유튜브 키즈 앱은 유튜브를 가장 안전하게 활용할 수 있는 방법의 하나입니다.

④ 넷플릭스

넷플릭스는 영화나 드라마 등의 영상 콘텐츠를 유료 스트리밍 서비스로 제공하는 미국의 OTT(Over the Top:인터넷으로 영상을 볼 수 있는 서비스) 회사예요. 전 세계적으로 많은 사람이 이용하고 있지요. 요즘은 넷플릭스에서도 아동용 콘텐츠를 많이 제공하고 있습니다. 유튜브보다 영상의 수는 적은 편이지만 고품질의 영상을 전체 에피소드로 볼 수 있고 넷플릭스에서만 볼 수 있는 넷플릭스 오리지널 영상도 제작하고 있어요.

넷플릭스에는 'Peppa Pig(페파피그)'나 'Daniel Tiger's Neighbourhood(다니엘 타이거)'처럼 엄마표 영어 초기 영상으로 유명한 영상도 있고 'Cocomelon-Nursery Rhymes'나 'Mother Goose Club'처럼 유튜브 인기 채널의 영상도 볼 수 있어요. 그밖에 아이들이 보기 좋은 다양한 애니메이션과 실사 드라마가 제공되고 있어요. 유료 서비스이다 보니 광고 없이 볼 수 있고 무엇보다 유튜브와는 달리 정확한 자막이 제공되기 때문에 엄마가 영상의 내용을 파악하는 데도 도움을 받을 수 있답니다.

넷플릭스에서는 키즈 프로필 설정을 통해 아이들이 볼 수 있는 콘텐츠의 범위를 설정할 수 있습니다. 키즈 프로필을 설정하면 기본적으로 12+ 등급 이하의 콘텐츠만 볼 수 있게 되어 있어요. 더 어린 나이로 관람등급을 조정할 수도 있습니다. 그리고 아이에게 노출되기를 원하지 않는 특정 영상은 미리 보이지 않도록 설정해둘 수도 있어요. 또한 언어 설정을 통해 메뉴나 영상의 기본 언어(음성 및 자막)를 영어로 설정해두면 일일이 영상마다 설정을 바꾸지 않아도 됩니다. 넷플릭스를 이용할 때 한 가지 추천하고 싶은 기능은 재생 설정에서 '자동 재생'을 해제하는 것입니다. 넷플릭스는 영상이 끝나면 자동으로 다음 화가 재생되게 되어 있으므로 아이가 무분별하게 영상 보는 것을 막기 위해서는 미리 자동 재생을 해제해두는 것이 좋습니다.

⑤ 디즈니플러스(Disney+)

2021년 11월부터 국내에서도 디즈니플러스 서비스를 이용할 수 있게 되었어요. 넷플릭스와 마찬가지로 유료로 서비스에 가입하면 광고 없이 온라인 스트리밍 서비스로 다양한 영상을 볼 수 있습니다. 현재 디즈니플러스에서는 디즈니에서 만든 영화와 애니메이션을 비롯하여 픽사, 마블, 스타워즈, 내셔널지오그래픽, Star 등 다양한 제작사에서 만든 영상 콘텐츠를 즐길 수 있어요.

평소에 디즈니나 픽사의 애니메이션을 좋아했던 아이들이라면 디즈니플러스에서 반가운 영상을 많이 만날 수 있을 거예요. 디즈니채널과 디즈니 주니어 채널에서 보던 영상도 디즈니플러스에서 제공하고 있어서 'Doc Mcstuffins(꼬마의사 맥스터핀스)'나 'PJ Masks(출동! 파자마 삼총사)' 등 평소 아이들이 좋아하던 영상도 많습니다.

디즈니플러스는 넷플릭스처럼 유료 스트리밍 서비스예요. 두 서비스 모두 아이들이 좋아할 만한 영상은 차고 넘치지만 두 가지를 모두 구독하기 부담스럽다면 아이가 좋아하는 영상에 따라 선택하는 게 좋아요. 대체로 좀 더 저학년 아이들이 디즈니플러스를 선호하는 편입니다. 아쉽게도 현재 디즈니플러스와 넷플릭스 모두 무료 체험이 제공되고 있지 않으니, 먼저 유튜브를 활용해서 아이가 좋아하는 영상을 탐색해보거나 한두 달씩 번갈아 서비스를 구독하는 것도 방법입니다. 보통 4명까지 프로필 등록이 가능해서 함께 볼 지인을 구하는 경우도 많아요.

디즈니플러스에서도 키즈 프로필 설정이 가능합니다. 프로필 수정 메뉴에서 키즈 프로필을 선택하면 볼 수 있는 영상 범위가 아이들에게 적합한 콘텐츠로 변경됩니다. 또 메인 화면에 분류된 기본 카테고리도 미키마우스&친구들, Princesses, Disney Junior, 슈퍼 히어로, 액션 어드벤처, 동물+자연으로 구성되어 좀 더 아이들이 좋아할 만한 주제로 분류된답니다. 아이가 어른의 프로필을 통해 영상을 보는 것을 막기 위해 프로필마다 비밀번호를 설정할 수도 있으니 참고하세요.

⑥ 쿠팡플레이

쿠팡플레이는 쿠팡의 유료회원으로 가입되어 있다면 무료로 이용할 수 있는 OTT 서비스예요. 넷플릭스나 디즈니플러스에 비해 상대적으로 덜 알려졌지만 현재 쿠팡 유료 서비스를 이용하고 있다면 쿠팡플레이 활용을 추천합니다. 아직 콘텐츠 수가 많은 편은 아니지만 생각보다 괜찮은 콘텐츠들이 꽤 있답니다.

쿠팡플레이에서도 키즈 메뉴나 키즈 프로필 설정을 통해 아이들이 보기에 적합한 영상을 모아서 볼 수 있어요. 일반 프로필과는 달리 카테고리도 동요, 영어 교육, 공룡, 로봇, 겨울파워, 자동차와 비행기, 동물 친구들 등 아이들에게 맞게 구성되어 있습니다.

입문용 영어 영상으로 유명한 'Daniel Tiger's Neighborhood(다니엘 타이거)'나 'Peppa Pig(페파피그)', 'Paw Patrol(퍼피 구조대)' 등도 있고 'Arthur(내 친구 아서)'나 'Sesame Street(세서미 스트리트)', 'Elinor Wonders Why(엘리너는 궁금해)' 등 미국 공영방송인 PBS에서 만든 인기 프로그램도 볼 수 있어요. 또 미국 CBS의 어린이 전문 채널인 nickelodeon(니켈로

디언)과 영국 BBC의 어린이 채널인 CBeebies 카테고리가 있어 'Dora the Explorer(도라 디 익스플로러)'나 'Sarah & Duck(사라 앤 덕)', 'Charlie and Lola(찰리와 롤라)' 등도 볼 수 있습니다.

쿠팡플레이의 또 한 가지 특징은 교육섹션을 통해 영어 교육에 도움이 되는 학습 영상을 볼 수 있다는 점이에요. 스콜라스틱 출판사에서 나온 'Phonics Readers(파닉스 리더스)'나 'First Little Readers(퍼스트 리틀 리더스)', 'First Little Comics(퍼스트 리틀 코믹스)' 등의 시리즈를 eBook 형태의 영상으로도 볼 수 있고, YBM에서 만든 어린이 영어 교육 프로그램인 'PINE TREE Phonics(파인트리 파닉스)' 등도 볼 수 있어서 유용해요.

다음에 소개하는 영상은 비교적 영어 수준이 쉬우면서 초등 저학년 아이들에게도 인기가 많은 영상이에요. 주로 일상생활을 배경으로 하고 있어서 영어 흘려듣기 입문용으로 보기 좋습니다.

소개하는 영상을 참고로 하여 아이의 취향에 맞는 영상을 찾아보세요. 유튜브에서 맛보기 영상을 보여주며 골라도 좋고요. 아이가 좋아하는 캐릭터나 아이의 관심사에 맞는 주제를 선정하고 거기에서 확장하여 영상을 찾아보는 것도 좋은 방법입니다.

어떤 영상을 골라야 할지 잘 모르겠다면 가장 기본적으로는 성별에 따라 선호하는 주제를 살펴보는 것이 도움이 될 거예요. 물론 그것도 아이마다 다르므로 절대 일반화할 수는 없어요. 다른 아이들이 잘 본다고 해서 우리 아이가 잘 본다는 보장은 없거든요. 아이의 취향 저격 영상을 찾기 위해서 많은 관심을 기울여야 합니다.

이미 우리말 영상에 많이 노출되어서 시시한 영상은 안 보려고 하는 아이도 있지만 의외로 잔잔한 영상도 잘 보는 아이들도 있어요. 우리 눈에는 다소 유치해 보이는 영상도 아이가 안 볼 거라고 지레짐작하기보다는 한번 시도해볼 것을 추천합니다. 될 수 있으면 잔잔한 영상에서 시작하여 전개가 빠른 영상으로 넘어가는 것이 영상에 대한 흥미를 지속하여 끌어올리는 데 좋은 방법입니다.

아이용 영상은 시청 대상이 어릴수록 상영 시간이 짧아요. 유아, 유치부용 영상은 보통 10분 이내, 초등용 영상은 대부분 20분 전후예요. 다만 넷플릭스에서는 영상의 상영 시간이 10분 미만으로 짧은 경우 에피소드 2~3편을 한 회에 묶어두기도 하고, 유튜브에서는 특정 주제에 따라 편집된 영상 모음집(compilation)만 볼 수 있는 경우도 있어요. 다음에 소개한 영상의 시간은 기본 에피소드 1회의 시간을 기준으로 작성하였으니 시청 시간을 가늠할 때 참고하세요.

👍 준비 과정용 추천 영상

Caillou

📀 ▶ 애니메이션 / 일상 / 4min

bit.ly/3ExGH9o

엄마표 영어에서 정말 유명한 영어 애니메이션으로, 그림책을 원작으로 만들어졌어요. 만 4세 소년인 까이유의 일상이어서 초등생이 보기에 다소 유치할 수 있지만 의외로 잔잔한 것을 좋아하는 아이들이 있으니 한번 시도해볼 것을 추천합니다. 까이유 영상은 까이유 오리지널, 까이유 캡틴, 까이유 어드벤처 등 정말 많은 시리즈로 나와 있는데, 대부분 일상생활을 담고 있기 때문에 크게 차이는 없어요. 다양한 버전의 책도 나와 있는데 보드북은 아기 까이유가 주인공이고 그림책은 글밥이 상당한 편이니 지금 단계에서는 까이유의 영상만 활용하는 것이 좋겠습니다.

Charley & Mimmo

 애니메이션 / 일상 / 5min

bit.ly/3ovnRKz

국내에서 추피(T'choupi)로 유명한 캐릭터의 영어판 애니메이션이에요. 유치원생 찰리가 자신의 애착인형 테디베어 미모와 함께하는 일상 이야기를 담고 있습니다. 한글 버전 책은 《추피와 두두》로, 한글 애니메이션은 '추피와 친구들'로 찾아볼 수 있습니다. 영어 버전 책은 현재 구하기가 힘든 편이라 영어 영상만 활용 가능해요. 화질이 다소 떨어지기는 하지만 유튜브에서 풀 버전 에피소드를 볼 수 있고 DVD도 쉽게 구할 수 있습니다. 참고로 '찰리네 유치원' DVD는 찰리의 유치원 생활을 중심으로 에피소드가 구성되어 있답니다.

 **Peppa Pig**
 애니메이션 / 일상 / 5min   bit.ly/302wFhr

2004년 첫 방영된 이후로 전 세계적으로 유명한 애니메이션이에요. 현재 시즌 7까지 나와있어요. 의인화된 돼지 캐릭터들이 주인공으로, 귀여운 돼지 소녀 페파와 남동생 조지의 일상이 담겨있습니다. 일상생활에서 쓰는 다양한 표현을 익힐 수 있지만 영국식 영어라 이제 막 영어를 시작한 아이에게는 다소 어려울 수 있어요. 인기 애니메이션인만큼 정말 다양한 콘텐츠를 연계해서 활용할 수 있는데 그림책부터 파닉스북, 리더스북까지 정말 다양한 버전의 책이 나와있고 캐릭터 상품들도 많이 판매되고 있어요.

 **Simon**
  애니메이션 / 일상 / 5min   bit.ly/3lCcN6q

호기심 많은 장난꾸러기 토끼 사이먼의 일상 이야기예요. 국내에서는 《까까똥꼬 시몽》으로 번역되어 나오고 있어요. 유튜브 공식 채널인 'Simon Super Rabbit' 채널에서 일부 시즌의 영상을 볼 수 있고 DVD 세트로도 구매 가능해요. 만 5살짜리 장난꾸러기 소년 사이먼이 주인공이어서 그 나이대 아이들이 겪는 일상을 재미있게 보여주고 있습니다. 스테파니 블레이크의 그 그림책이 원작이므로 그림책과 함께 연계해서 보여주기 좋아요.

Dinopaws

 애니메이션 / 모험 / 11min   bit.ly/31Fcy9G

BBC의 어린이 채널인 CBeebies에서 만든 애니메이션이에요. 밥, 그웬, 토니 세 마리의 귀여운 공룡이 일상에서 재미있는 것들을 찾는 에피소드로 구성되어 있어요. 동글동글 귀여운 그림체의 공룡 캐릭터가 주인공이라 공룡을 좋아하지 않는 아이도 재미있게 볼 수 있어요. 문장 난이도도 높지 않고 실제 생활에서 사용하는 문장들이라 첫 입문용으로 보기 좋은 영상이랍니다. 쥬니어네이버의 BBC 카테고리에서도 볼 수 있습니다.

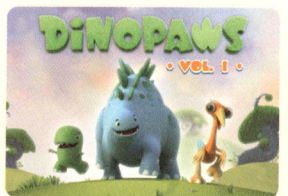

Toopy and Binoo

📀 ▶ 애니메이션 / 우정 /5min   bit.ly/3pFnmgq

사랑스러우면서도 매우(!) 낙관적인 생쥐 투피와 차분하게 투피 곁을 지키는 귀여운 고양이 비누의 일상 이야기를 담고 있어요. 서로 다른 성격의 두 친구가 만나 일상에서 다양한 경험을 하며 우정을 쌓는 이야기예요. 유튜브 채널 'toopyandbinootv'에서 영상을 제공하고 있지만 일부 영상만 볼 수 있기 때문에 DVD로 보는 것을 추천해요. 프랑스계 캐나다 작가인 Dominique Jolin의 책을 원작으로 하고 있는데 아쉽게도 현재 국내에서는 책을 구하기가 힘들어요.

 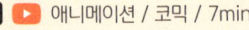

Bread Barbershop

N ▶ 애니메이션 / 코믹 / 7min   bit.ly/3xYiDtS

베이커리타운의 브레드 이발소와 그 마을에서 벌어지는 다양한 에피소드를 다루고 있어요. 천재 이발사 브레드가 운영하는 이발소에 다양한 손님이 찾아오는데 코믹한 에피소드가 많아 아이들뿐만 아니라 어른들에게도 인기가 많답니다. 국내에서 만든 애니메이션으로, 식빵 캐릭터의 이발사부터 머핀, 마카롱, 프레첼 등 다양한 등장인물이 빵으로 의인화되어 나옵니다.

Ben and Holly's Little Kingdom

N ▶ 애니메이션 / 일상, 마법 / 10min   bit.ly/3EvJyQg

마법의 작은 왕국에 사는 공주 홀리와 공주의 절친인 엘프 벤의 이야기예요. 일상에서 일어나는 작은 소동들을 해결하는 에피소드로 구성되어 있어요. '페파피그'의 제작진이 만든 애니메이션으로, 페파피그보다는 조금 더 난도가 높은 편이에요. 영국식 영어라 영어를 이제 시작하는 아이들에게는 다소 어려울 수 있고 주인공의 연령대가 낮은 편이지만 의외로 좋아하는 아이들도 있으니 한번 시도 해보세요.

Chip & Potato
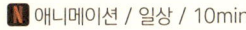

bit.ly/3IGPmix

유치원에 다니는 귀여운 소녀 칩과 칩에게만 보이는 비밀 친구 포테이토의 우정 이야기예요. 칩은 퍼그(강아지)를 의인화한 캐릭터이고 포테이토는 생쥐 캐릭터예요. 등장인물이 모두 퍼그나 판다, 기린 등 동물을 귀엽게 의인화한 캐릭터입니다. 칩에게 용기가 필요할 때마다 포테이토가 응원해주고 도움을 주는 아기자기한 에피소드라 많은 여자아이들이 좋아하는 영상이에요.

Harry and His Bucket Full of Dinosaurs
애니메이션 / 모험 / 10min

bit.ly/3EwwlXb

여섯 마리 공룡이 든 마법의 양동이를 가진 다섯 살 소년 해리(Harry)가 양동이를 통해 공룡 친구들과 함께 공룡 세계(DinoWorld)로 모험을 떠나는 이야기예요. 친근한 에피소드로 구성되어 있어서 특별히 공룡을 좋아하지 않더라도 흥미 있게 볼 수 있어요. 유튜브에서도 영상을 볼 수 있지만 화질이 다소 떨어지는 편이기 때문에 아이가 흥미를 보인다면 DVD를 구매해서 보여주는 것이 좋습니다. 그림책과 리더스북도 있지만 출간된 지 오래되어서 지금은 국내에서 구하기가 어려워요.

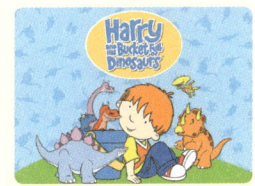

Sharkdog

N 애니메이션 / 일상, 모험 / 7min

bit.ly/31D7lcM

10살 소년 맥스와 반은 상어, 반은 강아지의 모습을 한 샤크독의 우정 이야기예요. 반려동물을 키우고 싶어하던 맥스가 우연히 만난 샤크독을 몰래 집에서 키우며 벌어지는 에피소드로 구성되어 있어요. 조금은 특이한 모습을 한 샤크독을 사람들에게서 지키고 가족으로 받아들이는 줄거리예요. 유아가 주인공인 다른 영상에 비해 문장 수준은 다소 높지만 'Paw Patrol' 같은 애니메이션을 좋아한다면 이 시리즈도 좋아할 거예요.

Paw Patrol

N ▶ 애니메이션 / 모험 / 10min

bit.ly/3y3fPMb

열 살 소년 라이더(Ryder)가 이끄는 퍼피 구조대가 마을의 위험을 해결하고 구조 활동을 펼치는 이야기예요. 라이더뿐만 아니라 구조대에 포함된 강아지들도 각기 개성 있는 캐릭터를 지니고 있습니다. 미국에서 정말 유명한 애니메이션으로 그만큼 다양한 캐릭터 상품이 판매되고 있답니다. 넷플릭스 외에 쿠팡플레이와 디즈니플러스에서 볼 수 있고, 유튜브에서는 영상 모음을 중심으로 볼 수 있습니다. 영상보다 재미는 덜하지만 'Step into Reading'의 파닉스 리더스북으로도 나와 있어서 파닉스와 사이트 워드 학습 단계에서 활용하기 좋아요.

Luna Petunia
애니메이션 / 모험, 판타지 / 12min

bit.ly/31BAD18

사랑스러운 소녀 루나가 생일 선물로 받은 마법 상자를 통해 환상의 땅 어메이지아로 떠나 그곳에서 만난 새로운 친구들과 함께 다양한 모험을 하는 이야기예요. 화려한 색감과 판타지 요소가 가득해 여자아이들이 특히 좋아하는 영상입니다. 대화 속도가 빠르지 않아서 입문용 영상으로 보기 좋아요. 워낙 인기가 많기 때문에 다양한 시리즈로 나와 있어요. 이 영상을 좋아한다면 'Luna Petunia-Return to Amazia'도 함께 보여주세요.

Rainbow Ruby
애니메이션 / 모험 / 12min

bit.ly/32BNHUz

한국, 중국, 캐나다가 합작하여 만든 애니메이션이에요. 루비의 특별한 곰인형 초코의 가슴에 있는 하트가 반짝이면 루비는 초코와 함께 레인보우 빌리지로 모험을 떠납니다. 그리고 그곳에서 생긴 작은 문제들을 해결하기 위해 에피소드마다 새로운 인물로 변신을 합니다. 신발디자이너, 사진사, 웨이트리스 등 다양한 역할로 변신하는 루비의 모습과 화려한 영상미에 눈이 즐거워지는 애니메이션이에요. 특히 판타지와 변신을 좋아하는 여자아이들이 좋아할 만하지요. 이 영상을 좋아한다면 'Franny's Feet'도 함께 보여 주세요.

Trash Truck

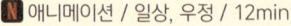 애니메이션 / 일상, 우정 / 12min

bit.ly/3pxnvlU

여섯 살 소년 행크와 청소차의 우정을 다룬 이야기예요. 둘은 동물 친구 월터, 도니와 함께 일상 속 다양한 고민을 해결하거나 함께 모험을 떠나며 즐겁게 지냅니다. 기본적으로 남자아이들이 좋아할 만한 주제이지만 잔잔하고 사랑스러운 내용이라 여자아이들도 재미있게 보는 편이에요. 현재 시즌2까지 방영되었어요. 유명 리더스북 라인인 'I Can Read!'의 My First 레벨 리더스북으로도 나와 있어서 영상과 책을 함께 연계해 보기 좋습니다.

Robot Trains

 애니메이션 / 모험 / 12min

bit.ly/3ovza5x

국내 애니메이션 '(변신기차) 로봇 트레인'의 영어판 애니메이션이에요. 로봇으로 변신 가능한 기차들이 트레인월드를 지키기 위해 다양한 모험을 하는 이야기입니다. 특히 로봇을 좋아하는 남자아이들이 정말 좋아하는 애니메이션이에요. 기차랑 로봇이라니, 싫어하는 남자아이들이 있을까요? 간혹 기차와 관련된 어려운 단어가 나오기는 하지만 대화 속도가 빠르지 않아서 영어를 시작하는 아이들이 보기에 좋은 영상입니다.

Franny's Feet

  애니메이션 / 모험 / 22min   bit.ly/3pBkMb0

프래니(Franny)가 할아버지의 구둣방에서 손님이 맡기고 간 신발을 신고 다양한 곳으로 시간 여행을 떠나는 이야기입니다. 프래니는 그곳에서 문제를 해결하고 얻은 기념품을 자신의 보물상자에 하나씩 보관한답니다. 여자아이들이 정말 좋아하는 영상이에요. 유튜브에서 영상의 풀 버전을 볼 수 있지만 TV로 보기에는 다소 화질이 떨어지기 때문에 아이가 좋아한다면 DVD를 구매하는 것도 좋아요. 이 영상을 좋아하는 아이들은 다음 단계에서 'Chloe's Closet'을 보는 것을 추천합니다.

Super WHY!

  애니메이션 / 모험 / 25min   bit.ly/3DwZkJ2

미국 PBS Kids에서 방영한 교육용 애니메이션이에요. 동화 속 캐릭터 중 하나인 주인공들에게 문제가 생기면 다 함께 북클럽에서 책을 골라 그 책의 내용에 따라 문제를 해결해나갑니다. 각 캐릭터들이 가진 파워가 'the power to read', 'alphabet power', 'word power', 'spelling power', 'dictionary power'이니 얼마나 읽기, 쓰기에 도움이 되는 애니메이션인지 짐작이 갈 거예요. 영어 교육에 매우 유용한 재미있는 영상입니다.

영어책 읽기

준비 과정에서 알파벳, 파닉스 학습, 영상 보여주기와 더불어 해야 하는 것은 영어책 읽기입니다. 이 시기의 읽기 방법은 책 읽어주기, 함께 읽기, 소리 내어 읽기(낭독) 등이 있습니다. 궁극적으로 이 1년의 시간 동안 아이에게 강조해야 하는 것은 소리 내어 읽기(낭독)지만 우선 준비 과정에서는 책 읽어주기, 함께 읽기로 시작하는 것이 좋습니다. 낭독을 통해 알파벳과 파닉스 학습에서 익힌 내용을 다지고 책 읽어주기와 함께 읽기로 책에 익숙해지는 과정을 겪도록 하는 것입니다.

1단계. 책 읽어주기

먼저 책 읽어주기는 아이에게 소리 내어 책을 읽어주는 것을 말합니다. 영어 습득을 시작하는 단계의 아이들에게 책을 읽어주는 것은 영어책 읽기의 필수 과정이에요. 책과 영상을 통해서 영어 인풋을 쌓는 것이 중요하다고 강조했지만, 아직 문자를 제대로 익히지 못한 아이가 책을 읽을 방법은 다른 사람이 읽어주는 것을 듣거나 음원의 도움을 받는 것뿐이죠. 이건 듣기부터 언어 습득을 시작하는 매우 바람직하고 자연스러운 순서예요. 아이가 부모가 읽어주는 책 이야기를 들으며 영어를 이해하고 받아들이는 과정을 듣기부터 충분히 겪을 수 있도록 하는 거예요. 영어책으로 인풋을 쌓기 위한 기본은 부모의 영어책 읽어주기에서 시작한다고 할 수 있어요.

특히 엄마·아빠가 아이에게 책을 읽어주게 되면 아이는 영어책에 대한 친밀감을 더 쉽게 쌓을 수 있습니다. 친숙한 목소리로 영어를 접할 수 있을 뿐만 아니라 영어책 읽기 시간을 함께 공유하기 때문에 영어책에 대한 거부감을 줄일 수 있어요. 물론 아이가 당장은 엄마·아빠가 읽어주는 책의 내용을 전부 이해하지 못할 수 있어요. 하지만 눈으로는 열심히 그림을 살피고 귀로는 엄마·아빠의 목소리를 들으며 내용을 이해하려고 노력할 거예요.

책 읽어주기는 아이가 점차 영어를 혼자 읽을 수 있게 되어도 계속해주는 것이 좋아요. 아직은 여전히 듣는 것이 더 편하고 이해가 잘 되는 시기거든요. 함께 책 읽는 시간이 쌓여 혼자서도 책을 읽어나갈 바탕을 마련할 수 있습니다. 유아교육 및 문해력 연구학자인 뉴먼(Neuman)의 연구에서도 어릴 때부터 꾸준히 부모와 책을 읽은 아이들은 자라서도 책을 많이 읽는 것으로 나타났답니다.

그런데 많은 부모가 아이에게 책을 읽어주기 전에 부담을 많이 느낍니다. 이건 엄마표 영어의 단골 질문 중 하나이기도 해요. "엄마가 영어를 잘 못하는데 엄마표 영어 할 수 있을까요?" 네, 할 수 있습니다. 특히 책 읽어주기는 조금만 노력하면 충분히 할 수 있어요. 요즘은 꼭 책에 포함된 음원이 아니더라도 유튜브를 통해서 원어민이 책 읽어주는 것을 쉽게 들을 수 있어요. 유튜브에 책 제목과 함께 'read aloud'란 단어를 넣어 검색하면 책 읽어주는 영상을 쉽게 발견할 수 있거든요. 그러니 아이에게 책을 읽어주기 전에 영상을 미리 몇 번 보며 연습을 하면 됩니다. 모르는 단어도 확인해두면 좋고요. 조금의 부지런함만 있으면 충분히 할 수 있을 거예요.

물론 영상을 몇 번 보고 음원을 듣는 것만으로 엄마·아빠가 원어민처럼 읽을 수 있는 건 아니에요. 그럼 '아이가 안 좋은 발음을 따라 하면 어떡하나?' 하는 걱정이 들게 되죠. 그런데 부모의 영어 발음이 아이의 영어에 부정적인 영향을 미칠 가능성은 거의 없어요. 아이는 엄마·아빠의 목소리 말고도 정말 다양한 곳에서 영어를 접하고 받아들이거든요. 엄마·아빠가 읽어주는 영어가 아이가 영어를 받아들이는 유일한 창구가 아닌 이상 아이는 계속해서 영어를 접하며 발음을 잡아나갈 거예요. 천천히 또박또박 읽어주기만 해도 충분합니다. 다만 책을 미리 한 번 살펴보는 것은 필요해요. 전체 내용을 파악하고 있어야 책을 읽어줄 때도 실감 나게 읽어줄 수 있거든요. 정 안되면 세이펜 같은 전자펜으로 음원을 들으며 봐도 괜찮아요. 책 읽어주기는 아이와 함께 책을 보는 것에 더 큰 의의가 있으니까요. 무엇보다 엄마·아빠와 함께하는 책 읽기 시간은 영어책에 대한 긍정적 인식을 심어주는 데 큰 도움이 될 거예요.

2단계. 함께 읽기

함께 읽기는 말 그대로 아이와 부모가 책을 함께 읽는 거예요. 책 읽어주기에서는 아이보다 부모가 주도적인 입장이었다면 함께 읽기 단계에서는 아이가 적극적으로 읽기에 참여하게 됩니다. 아이의 역할이 책을 '보는 것'에서 '읽는 것'으로 바뀌는 것이죠. 함께 읽기를 통해 스스로 책을 읽어나가는 과정을 더욱 원활히 진행해나갈 수 있어요. 바로 혼자 책을 읽는 것이 아니니 책 읽기에 대한 부담도 줄일 수 있죠. 본격적으로 혼자 읽기에 앞서 조금씩 읽기에 참여하며 자신감을 가질 수 있습니다.

책 읽기의 주도성을 중심으로 살펴보면 '책 읽어주기→함께 읽기→낭독'의 순으로 아이가 순차적으로 책 읽기를 이끌어나가게 됩니다.

함께 읽기는 다양한 방법으로 실천할 수 있어요. 한 문장을 앞뒤로 나눠 읽을 수도 있고 각각 한 문장씩 또는 한 대사씩 맡아서 읽는 것도 좋아요. 교실에서 아이들이 다 같이 읽는 것처럼 동시에 읽을 수도 있고요. 책의 내용과 아이의 성향, 영어 수준에 따라 다양하게 선택하면 됩니다.

아이의 영어 수준에 따라 살펴보면 우선 아이가 영어를 원활히 읽지 못하는 단계에서는 한 문장을 나눠 읽는 것부터 시작하는 것이 좋아요. 아직 영어를 더듬더듬 읽는 수준인데 문장을 온전히 혼자 읽게 하면 부담이 될 수 있기 때문입니다. 엄마가 먼저 문장의 앞부분을 읽어주면 아이가 뒷부분을 완성하는 식으로 함께 읽어보세요. 자주 읽어주었던 책은 아이가 내용을 기억하고 있어 더 쉽게 읽을 수 있을 거예요.

아이가 어느 정도 영어를 보고 읽을 수 있게 되면 한 문장씩 나눠 읽거나 한 인물씩 맡아 대사를 나눠 읽는 등 다양한 활동으로 확장할 수 있습니다. 그중에서 제가 추천하는 함께 읽기 방법은 한 대사씩 나눠 읽는 것입니다. 일종의 역할극처럼 역할을 나눠 책을 읽으면 아이는 자신의 순서를 기다리며 본인이 읽지 않을 때도 더욱 집중해서 책을 보게 됩니다. 또 자신이 맡은 인물을 연기하기 위해 더 자연스러운 말투로 말하려고 노력한답니다. 물론 그렇게 하기 위해서는 엄마도 자신이 맡은 인물의 대사를 실감 나게 읽어야겠죠? 재미있는 놀이를 하듯이 책을 읽으면 즐거움도 효과도 배가 될 거예요.

함께 읽기에서는 아이가 책 읽기에 직접 참여하는 만큼 아이가 충분히 읽을 수 있는 쉬운 책을 고르는 것이 중요합니다. 소리 내어 읽기에서도 마찬가지예요. 책 읽기에서 차지하는 아이의 비중이 높아질수록 아이 수준에 적합한 책을 고르는 것이 필수입니다. 너무 쉬운 책도 아이의 흥미를 떨어뜨릴 수 있지만, 너무 어려운 책도 책 읽기를 시작하는 아이에게 부담이 될 수 있거든요. 따라서 여러 번 반복해서 읽어주어서 아이가 내용을 외우다시피 한 그림책이나 리더스북, 그중에서도 가이젤 상(닥터 수스 상) 수상작을 함께 읽는 게 좋습니다.

함께 읽기는 아이가 이후에 혼자 읽기를 진행하게 되어도 읽기에 대한 두려움 없이 시도할 수 있도록 하는 데 주요 목적이 있습니다. 쉽고 재미있는 책을 나눠 읽으며 스스로 읽는 과정에 익숙해지도록 하는 것이지요. 스스로 할 수 있는 수준에서 차근차근 단계를 밟아나가며 '자기효능감(self-efficacy)'을 쌓는 게 중요해요. 자기효능감은 스스로 어떤 일을 성공적으로 해낼 수 있다고 믿는 것으로, 함께 읽기를 통해 혼자서도 책 읽기를 해볼 만하다고 느낄 수 있게 해주어야 합니다. 그래야 아이가 혼자 낭독을 하고 점차 읽기 독립을 해나가는 데 어려움이 없을 거예요.

아이 스스로 그런 확신이 들 때까지는 충분히 함께 읽기를 지속해주세요. 아이들은 대체로 함께 읽기를 좋아하는 편이기 때문에 혼자 읽거나 듣는 활동보다 더 적극적으로 참여할 거예요. 책 읽어주기에서도 언급한 것처럼 아이가 스스로 책을 잘 읽게 되어도 특별히 거부하지 않는다면 책 읽어주기나 함께 읽기는 오랫동안 해주는 것이 좋아요. 엄마와 함께 책 읽기를 한 시간이 아이가 더욱 책을 사랑하는 사람으로 자라게 도와줄 거예요. 아이의 정서발달에도 큰 도움이 될 수 있고 무엇보다 책 읽기 시간이 엄마와 함께한 소중한 추억이 될 거랍니다. 그 시간을 누릴 수 있을 때 마음껏 누려주세요.

어떤 책을 읽으면 좋을까?

영어를 시작하는 단계에서 읽기 좋은 책은 그림책과 리더스북입니다. 두 종류의 책은 각기 다른 특징을 가지고 있는데 서로 부족한 점을 보완해가며 아이가 성공적으로 영어책 읽기를 해나갈 수 있게 해줍니다.

그림책은 말 그대로 그림과 이야기가 함께 있는 책입니다. 아이가 영어 시작 단계부터 지속해서 그림책을 읽는 것은 영어 인풋을 쌓는 데 매우 큰 도움이 됩니다. 리더스북은 읽기 연습을 위해 만들어진 책입니다. 단어나 문장이 수준별로 조정되어 있어서 체계적으로 읽기 수준을 올릴 수 있어요.

다만 우리는 1년이라는 기간 동안 집중적으로 영어 인풋을 쏟아 부어줄 예정이고, '챕터북 읽기'라는 목표가 있으므로 효과적으로 읽기 자체에 익숙해져야 합니다. 따라서 더욱 빠르게 목표 지점에 도달하기 위해 Part 1. 준비 과정에서는 '읽기 연습에 좋은 그림책'을, 그리고 Part 2. 본 과정에서는 읽기 초기 단계의 아이들도 쉽게 읽을 수 있는 '그림책 같은 쉽고 재미있는 리더스북'을 중심으로 살펴볼 거예요. 그림책과 리더스북의 효과를 동시에 노릴 수 있는 책 읽기를 통해 빠르게 영어책 읽기에 안착할 수 있도록 하는 것이지요.

물론 1년간의 집중 과정 이후에도 다양한 그림책과 수준에 맞는 리더스북을 꾸준히 읽어나가야 합니다. 그림책과 리더스북은 당장 1~2년만 보는 책이 아니니까요. 그림책을 통해 양질의 문학작품을 접하고 영어 인풋, 특히 어휘 인풋을 풍부하게 쌓아야 합니다. 그리고 리더스북을 통해 수준에 맞는 책을 접하고 스스로 읽는 연습을 지속해서 해야 한답니다.

우선 그림책은 읽기를 시작하는 단계에서 필수입니다. 아직 문자를 잘 읽지 못하는 아이에게 그림책의 '그림'이 아이가 책을 읽을 수 있게 도와주기 때문입니다. 아이들은 책 속에서 모르는 단어나 표현을 만나도 그림의 도움으로 이야기를 이해할 수 있습니다. 그래서 읽기를 시작하는 단계에서는 그림이 내용을 명확히 보여주는 책을 고르는 것이 중요합니다. 무엇보다 하나의 문학작품으로서 그림책은 흥미진진한 이야기와 다채로운 그림으로 아이들의 관심을 끌기 충분합니다. 그림책이 아이를 책 읽기의 세계로 인도하는 길잡이 역할을 하는 것이죠.

그림책은 보편적으로 아이들을 대상으로 쓰인 만큼 어휘와 문장의 수준이 아이들에게 적합하게 구성된 책이 많습니다. 그중에서도 특히 쉽고 재미있으면서도 반복을 통해 읽기 연습의 효과를 노릴 수 있는 책이 있답니다. 그런 책은 아이가 그림을 보며 반복적으로 영어를 듣고 읽을 수 있어 '읽기'의 기본을 마련하는 데 큰 도움이 됩니다.

가장 기본적으로 추천하는 책은 '가이젤 상' 수상작입니다. 세계적인 어린이 책 작가 테오도르 가이젤(Theodor Geisel)의 이름을 따서 만든 가이젤 상은 아이들이 더 많이 읽기에 참여할 수 있도록 상상력과 창의력을 보여준 작가에게 수여되기 때문에 까다로운 수상 조건이 있습니다. 그 기준의 일부는 다음과 같습니다.

- 만 4세(Pre-K)부터 2학년까지의 독자를 대상으로 해야 한다.

- 책 속의 그림은 이야기를 잘 나타내는 것이어야 한다.
- 새로운 단어는 천천히 제시되어야 하며, 단어가 반복적으로 나와야 한다.
- 문장이 단순하고 쉬워야 한다.
- 책의 페이지 수는 최소 24쪽부터 최대 96쪽까지여야 한다.

수상 조건만 봐도 얼마나 아이들의 읽기 촉진에 신경을 쓴 상인지 알 수 있지요? 다음에 소개하는 그림책들은 가이젤 상 수상작을 포함하여 읽기 연습에 도움이 되는 그림책입니다. 재미있으면서도 읽기 연습을 할 수 있는 최적의 책으로 선정하였으니 적어도 다음의 책은 꼭 갖춰서 함께 읽기를 권합니다. 리딩 레벨과 권장 연령대는 AR 지수를 기준으로 하였으나 AR 지수가 없는 경우 Lexile 지수를 기준으로 제시하였으니 참고하세요.

여기서 한 가지 당부드릴 것은 그림책은 영어책 읽기의 초기 단계에서만 유용한 책이 아니라는 것입니다. 외국어 읽기를 원활히 해나가기 위해서는 리더스북처럼 읽기 연습에 목적을 둔 책을 보는 것도 필요하지만 그것과는 별개로 그림책을 통해 아이가 다양한 글을 접할 수 있게 하는 것이 영어 습득의 전반적인 과정에 도움이 됩니다. 즉 그림책을 통해서 풍부한 영어 인풋을 쌓고 리더스북을 통해서는 스스로 읽는 방법을 터득해 간다고 생각하면 좋을 거예요.

👍 준비 과정용 추천 그림책

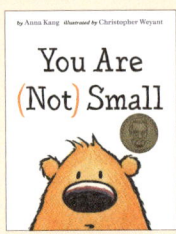

You are (Not) Small
Anna Kang / 가이젤 상　60L

크고 작다는 것은 결국 상대적인 개념이라는 것을 알려주는 책이에요. 한국계 작가 안나 강이 쓴 책으로, 같은 시리즈로 몇 가지 책이 더 나와 있습니다.

I Need a Hug
Aaron Blabey　AR 0.9　LG K–3

누군가 안아주기를 바라던 고슴도치를 모두 가시 때문에 외면합니다. 하지만 마지막에 자신을 기꺼이 안아주는 뱀을 만나 행복한 결말을 맞는 이야기입니다.

I Want My Hat Back
Jon Klassen / 가이젤 상　AR 1.0　LG K–3

모자를 잃어버린 곰이 만나는 동물마다 자신의 모자를 보았는지 물어보며 다녀요. 그러다 자신의 모자를 어디서 봤는지 기억해내게 되죠. 작은 반전이 있는 이야기예요.

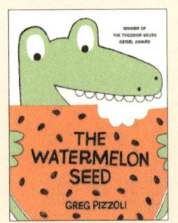

The Watermelon Seed
Greg Pizzol / 가이젤 상　AR 1.0　LG K–3

수박을 정말 좋아하는 악어가 수박씨를 삼키고선 이런저런 고민에 빠지는 이야기예요. 귀여운 상상력에 호들갑 떠는 악어의 모습이 더해져 재미있게 읽을 수 있어요.

★AR 지수에 대한 자세한 설명은 240쪽을 참고하세요.

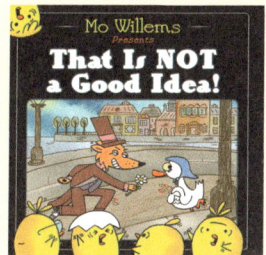

That Is Not a Good Idea!
Mo Willems AR 1.0 LG K-3

배고픈 여우가 순진한 엄마 거위를 잡아먹으려 유인하자 아기 거위들은 좋은 생각이 아니라며 난리가 납니다. 반전 결말이 매력적인 이 책은 검은 화면에 큼직한 글자로 이야기가 서술되고 있어요. 작가 특유의 유머와 재치를 볼 수 있답니다.

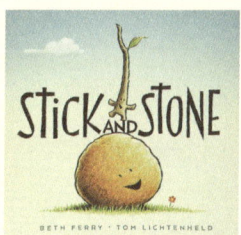

Stick and Stone
Beth Ferry AR 1.2 LG K-3

외로운 나뭇가지와 돌멩이가 만나 서로 도움을 주면서 친구가 되는 이야기예요. 스토리가 사랑스러우면서 라임이 잘 살아있어 따라 읽기 좋아요.

Dot
Patricia Intriago LG K-1

흰 배경에 단순한 점만으로 다양한 의미를 표현하고 있는 기발한 책이에요. 점이 어떤 의미를 나타내는지 아이와 함께 이야기하며 읽기 좋아요.

Bark, George
Jules Feiffer AR 1.3 LG K-3

계속 다른 동물의 울음소리를 내며 짖는 강아지 조지를 동물병원에 데려가는 이야기예요. 문장이 반복되고 의성어가 중간중간 나와 어렵지 않게 읽을 수 있어요.

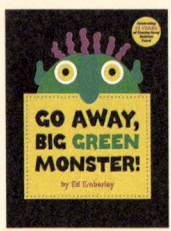

Go Away, Big Green Monster!
Ed Emberley AR 1.3 LG K-3

잠자리에서 생각날 수 있는 괴물을 책장을 하나씩 넘기며 재미있게 쫓아버리는 이야기예요. 얼굴 부위에 대한 단어도 익힐 수 있고 문장 구조가 반복되어 따라 읽기 좋아요.

Cookie's Week
Cindy Ward AR 1.3 LG K-3

일주일 동안 매일 각기 다른 사고를 치는 장난꾸러기 고양이 쿠키의 이야기입니다. 문장 구조가 반복되고 한 페이지에 한 문장씩 있어서 쉽게 읽을 수 있습니다.

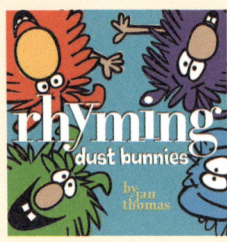

Rhyming Dust Bunnies
Anna Kang AD180L

라임을 좋아하는 먼지토끼들이 라임에 맞는 단어를 찾느라 빗자루와 청소기에 쓸려나갈 위기에 처합니다. 위기 속에서도 라임 찾기에 몰두하는 모습이 웃음을 자아냅니다.

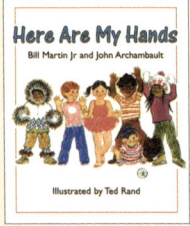

Here Are My Hands
Bill Martin Jr., John Archambault AD200L

각 신체 부위가 어떤 일을 하는지 소개하는 이야기예요. 문장 구조가 반복되어 따라 읽기 좋고 각 신체 부위가 하는 행동을 단어로 익히기 좋아요.

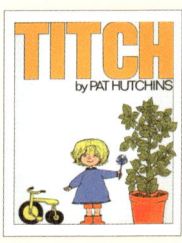
Titch
Pat Hunchins 210L

삼 남매 중 막내인 티치의 이야기예요. 항상 형, 누나에게 치이는 것 같지만 마지막에 웃는 사람은 티치예요. 형, 누나가 있는 아이들이 더욱 몰입해서 재미있게 읽을 수 있답니다.

That's Disgusting
Pittau, Gervais AD250L

아이들이 보기만 해도 웃음이 터지는 더러운 행동들이 가득한 책이에요. 책의 제목이 본문에서 계속 반복되어 나온답니다.

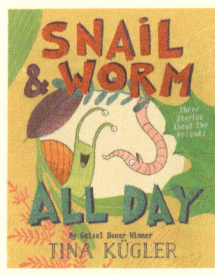
Snail & Worm Again
Kügler, Tina / 가이젤 상 AR 1.5 LG K-3

다소 엉뚱하지만 서로를 위해주는 친구인 달팽이와 지렁이의 이야기예요. 달팽이와 지렁이의 대화 형식으로 이야기가 이루어지고 있어서 쉽게 따라 읽을 수 있어요. 총 세 개의 에피소드로 구성되어 있습니다.

The Book Hog
Greg Pizzoli / 가이젤 상 AR 1.9 LG K-3

책을 정말 좋아하지만 글을 읽지 못했던 돼지가 도서관 사서 선생님을 만나 책을 읽을 수 있게 되면서 책을 더욱 사랑하게 되었다는 이야기예요. 이미 《The Watermelon Seed》로 가이젤 상을 수상한 적 있는 그렉 피졸리의 새로운 가이젤 상 수상작이에요.

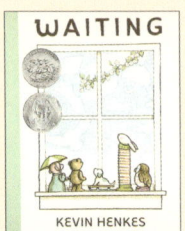

Waiting

Kevin Henkes / 가이젤 상 (AR 1.9) (LG K–3)

부엉이, 강아지, 곰, 토끼, 돼지가 창가에 앉아 제각기 자신이 원하는 것을 기다리고 있어요. 지루하고 힘든 기다림이 아닌 기다림의 과정 속에서 느끼는 행복과 설렘을 잘 표현하고 있습니다.

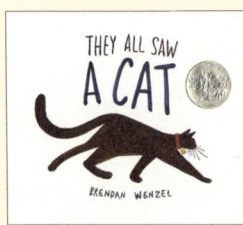

They All Saw a Cat

Brendan Wenzel / 칼데콧 상 (AR 1.9) (LG K–3)

같은 고양이지만 그것을 바라보는 주체에 따라 제각기 다른 모습의 고양이로 보여요. 굉장히 기발하고 반복을 통해 쉽게 이야기하고 있어 아이들의 반응이 좋은 책이에요.

Sam and Dave Dig a Hole

Mac Barnett (AR 1.9) (LG K–3)

샘과 데이브가 멋진 것을 찾기 위해 땅을 파기 시작해요. 커다란 보석만 비켜가며 땅을 파는 모습이 웃음을 자아냅니다. 멋진 것은 과연 무엇인지 아이와 이야기를 나누며 보기 좋아요.

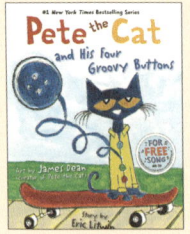

Pete the Cat and His Four Groovy Buttons

Eric Litwin, James Dean / 가이젤 상 (AD350L)

옷에서 단추가 떨어져도 슬퍼하지 않는 긍정적인 고양이 피트의 이야기예요. 단추가 하나씩 떨어지며 숫자 세기를 연습할 수 있는 책이기도 합니다.

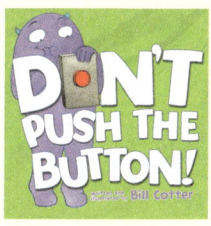

Don't Push the Button!
Bill Cotter AD400L

버튼을 누르지 말라고 하면서 동시에 아이들이 그림 속 버튼을 누르도록 유혹하는 재미있는 책이에요. 책과 상호작용하며 읽을 수 있어서 아이들이 더욱 집중해서 볼 수 있어요.

Chicka Chicka Boom Boom
Bill Martin Jr., John Archambault AD530L

알파벳들이 하나씩 나무 위로 올라가다가 결국엔 다 떨어지고 마는 줄거리예요. 그 과정에서 알파벳을 하나씩 익힐 수도 있고 라임이 잘 살아있어서 재미있게 읽기 연습을 하기에도 좋아요.

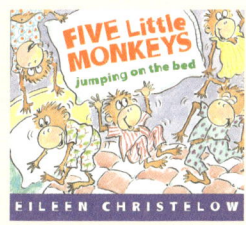

Five Little Monkeys
Eileen Christelow 310L

아기 원숭이 다섯 마리가 침대에서 뛰다가 하나씩 떨어지는 스토리예요. 동요를 그대로 책으로 만든 만큼 쉽게 따라 읽을 수 있고 무엇보다 그림이 정말 재미있답니다.

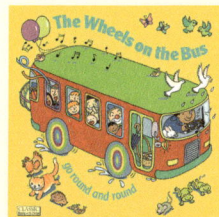

The Wheels on the Bus
Annie Kubler

유명한 마더구스를 옮긴 그림책이에요. 이 책 외에도 다양한 버전의 책이 있습니다. 노래가 워낙 유명해서 아이들이 재미있게 따라 읽을 수 있는 책이에요.

영어 그림책 구하는 방법

영어원서를 사는 방법은 다양합니다. 요즘은 워낙 영어 교육에 대한 관심이 많아 국내에서도 손쉽게 영어원서를 구할 수 있습니다. 그중에서도 가장 쉬운 방법은 온라인 영어원서 전문 서점을 통해서 사는 것입니다. YES24나 교보문고처럼 우리가 잘 알고 있는 대형 서점 외에도 영어책만 전문적으로 파는 온라인 서점이 많은데 대표적으로 웬디북, 북메카, 키즈북세종, 동방북스, 하프프라이스북 등을 꼽을 수 있습니다. 온라인 영어 서점에서는 오프라인 매장에서 사는 것보다 훨씬 저렴하게 영어원서나 DVD를 구매할 수도 있고, 다양한 선별 기준을 통해 영어 도서를 소개하고 있어서 어떤 책을 골라야 할지 모를 때 팁을 얻기도 좋습니다.

웬디북 www.wendybook.com

북메카 www.abcbooks.co.kr

키즈북세종 www.kidsbooksejong.com

동방북스 www.tongbangbooks.com

하프프라이스북 www.halfpricebook.co.kr

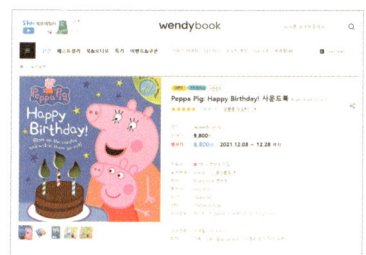
웬디북 www.wendybook.com

하프프라이스북 www.halfpricebook.co.kr

서점마다 제각기 특징이 있어요. 먼저 웬디북은 일단 보유하고 있는 책이 정말 많고 책의 상세페이지를 많이 볼 수 있어 책을 구매하기 전에 최대한 내용을 살펴볼 수 있습니다. 요즘은 웬디북 유튜브 채널을 운영하며 영어책 읽기에 대한 정보도 제공하고 있답니다. 북메카는 오프라인 행사도 많이 하는 편이라 유아교육전 같은 곳에서 자주 만날 수 있어요. 또 북메카 네이버 카페에서 매주 진행하는 비밀공구나 반짝 특가 등의 행사로 책을 저렴하게 살 수 있고 책 정보도 나누고 있어서 유용하답니다. 하프프라이스북은 이름처럼 가격이 저렴한 책이 많아요. 특히 슈퍼바이 코너를 통해 재고도서나 서점진열용 도서를 매우 싸게 판매하고 있어요. 그만큼 인기 상품은 빨리 품절되기 때문에 조금 부지런해야 원하는 책을 구할 수 있답니다.

서점마다 보유하고 있는 원서나 가격에 조금씩 차이가 있으니 특별히 행사 기간에 맞춰 구매하는 것이 아니라면 몇 군데에서 필요한 책을 검색해보고 가장 저렴한 곳에서 사는 것이 효율적입니다. 사려는 책이 정해져 있다면 네이버와 같은 포털 사이트에서 도서명으로 검색을 해서 최저가로 구매하는 것이 좋은 방법이에요. 그게 아니라 아이의 수준에 맞는 책을 골라 사려 한다면 영어 전문 서점을 이용하세요. 책 분류가 자세하고 책의 내부 이미지를 많이 볼 수 있는 편이니까요. 인기가 많은 책은 구매 후기도 많은 편이어서 후기를 읽어보고 살 수 있어요.

국내에 재고가 없는 책들도 해외에서 직접 공수해올 수 있어요. 우리가 잘 아는 '아마존(amazon.com)'에서도 한국까지 직접 배송을 하고 있어서 일정 배송료를 내면 집까지 책을 받을 수 있고 '쿠팡(coupang.com)'에서도 영어원서를 직구로 구매할 수 있는 서비스를 제공하고 있습니다. 최근에는 11번가 같은 국내 사이트에서도 아마존 직구가 가능해지기도 했습니다. 배송기간이 좀 오래 걸린다는 단점이 있지만 저는 국내에 아직 들어오지 않은 책을 여러 권 모아서 주문할 때는 아마존을 이용하고 있고, 그 외에는 여러 사이트에서 그때그때 손품(!) 팔아가며 구매하고 있어요.

오프라인에서도 영어원서를 구할 수 있는 곳이 많이 있습니다. 종종 북메카나 동방북스같은 서점들이 오프라인에서 할인행사를 하기도 하고, 유아 교육전에서도 잘 살펴보면 저렴한 가격에 득템할 수 있는 기회가 있어요. 이런 할인행사에는 사람이 많아서 번잡하긴 하지만 원하는 책을 직접 보고 고를 수 있다는 큰 장점이 있습니다.

요즘은 중고 서점에서도 영어원서를 많이 판매하고 있습니다. YES24, 알라딘 같은 온라인 서점이 운영하는 중고 매장도 있고 '개똥이네'도 전국에 오프라인 매장을 운영하고 있으니 우리 동네 근처 매장을 잘 찾아보세요.

여러 권으로 이루어진 영어 도서 시리즈를 구매할 때는 당근마켓이나 중고나라, 지역 맘카페 등도 좋은 구입처가 됩니다. 특히 아이가 점차 책을 많이 읽어나가는 시기가 오면 사야 하는 책 가격도 만만치 않으니 중고 책을 사는 것도 좋습니다.

이렇게 아이가 좋아할 만한 책을 찾기 위해서 여러 책을 살펴보아야 하는 시기에는 도서관을 활용하는 것도 좋은 방법입니다. 특히 영어책 읽기 초반에는 아이의 취향 저격 책을 찾는 것이 중요한데, 매번 새 책을 사는 것이 부담스러울 수 있습니다. 요즘은 동네 도서관에서도 다양한 영어책을 갖춘 경우가 많으니 집 가까이에 도서관이 있다면 아이와 함께 방문해보세요.

다음은 전국의 공공 영어도서관 목록입니다. 이 밖에 국가도서관통계시스템(libsta.go.kr)에서 전국의 도서관 현황을 볼 수 있으니 근처의 도서관을 찾아보세요. 꼭 영어도서관이 아니더라도 영어책을 갖춘 곳이 많이 있답니다.

도서관 구분	지역	도서관명
공공(일반)	서울	강서영어도서관
공공(일반)	부산	부산영어도서관
공공(어린이)	부산	동구어린이영어도서관
공공(어린이)	부산	영도어린이영어도서관
공공(일반)	대구	달서영어도서관
공공(일반)	대구	서구영어도서관
공공(일반)	경북	포항시립어린이영어도서관
공공(일반)	경남	밀양시립영어도서관
공공(일반)	경남	양산영어도서관
공공(일반)	전북	완주군립 둔산영어도서관
공공(일반)	전남	목포영어도서관

도서관은 아이가 책과 친해질 수 있고, 엄마·아빠는 영어책에 대한 눈을 키울 수 있는 최고의 공간입니다. 특히 그동안 영어책에 전혀 관심을 두지 않았던 분들은 도서관에서 작가별로, 주제별로 책을 살펴보면서 영어책의 흐름을 이해할 수 있습니다. 이건 온라인에서도 마찬가지입니다. 온라인 서점이나 인터넷 카페에서는 여러 사람의 책 소개와 후기를 보면서 우리 아이의 취향에 맞는 책을 고르는 데 도움을 받을 수 있어요. 영어책을 보는 안목도 기를 수 있고요. 아마존(Amazon) 같은 해외 사이트에서는 더 많은 후기를 볼 수 있습니다. 꼭 책을 사지 않더라도 평소에 영어책이나 작가에 관심

을 두고 리스트를 정리해두면 아이의 책을 고를 때 도움이 될 수 있습니다.

무엇보다 엄마·아빠가 평소에 책에 관심을 가지는 모습을 보여주는 것이 아이가 책을 즐기는 아이로 자라는 데 영향을 줄 수 있습니다. 여러 연구에서도 엄마·아빠가 책을 자주 읽는 모습을 보여주면 아이들도 더 많이 읽게 된다는 결과를 보여주었어요. 스트롬멘과 메이츠(Strommen & Mates)의 연구에서도 가족 독서 시간을 가지고 책 읽기의 즐거움을 느끼게 해주는 것이 아이가 책을 사랑하는 사람으로 자라는 데 중요한 역할을 한다고 밝히고 있어요.

책을 좋아하는 아이로 만드는 것, 책을 멀리하는 아이로 만드는 것 모두 가정에서 이루어져요. 아이와 함께 책을 보며 행복한 시간을 갖도록 노력해 주세요. 엄마·아빠의 노력이 아이의 책 읽기 습관에 중요한 역할을 한다는 것을 잊지 마시고요.

PART 2

영어 인풋을 확실히 늘리는 방법

지금까지 준비 과정을 잘 실천해왔다면 첫 단추를 성공적으로 끼운 셈이다. 하지만 본격적인 시작은 지금부터다. 앞으로의 과정이 잘 이루어져야 그 이후의 영어 학습이 수월해질 수 있다. 앞으로 10개월간은 '듣기 2+읽기 1'을 바탕으로 영어 인풋을 차고 넘치게 쏟아부어 주도록 하자.

chapter 3

본 과정 : 읽기 인풋 쌓기

읽기 인풋의 중요성

한 언어를 익히기 위해서 무엇보다 중요한 것은 충분한 인풋입니다. 그리고 책 읽기는 영어가 모국어가 아닌 아이가 영어 인풋을 쌓는 최고의 방법이고요. 요즘 아이들은 다양한 경로로 영어 인풋을 쌓을 수 있습니다. 공교육이나 사교육에서의 영어 수업, 영어 영상, 교재 풀이, 화상영어, 원어민과의 교류 등 아이의 영어 실력 향상을 위해 다양한 방법을 고려할 수 있어요. 하지만 차고 넘칠 만큼의 인풋을 쌓기에는 현실적으로 많은 제약이 있습니다. 무엇보다 시간적인 한계가 있지요. 그런 면에서 영어책 읽기는 제약에서 자유로운 편이에요. 책만 있다면 언제 어디서든 영어를 접할 수 있으니까요.

무엇보다 영어책은 수많은 단어와 표현을 접할 수 있는 가장 좋은 도구입니다. 세계적인 언어학자 크라센(Krashen)은 자신의 저서 《크라센의 읽기 혁명》을 통해 책에는 원어민이 일상에서 자주 사용하는 단어뿐만 아니라 그렇지 않은 단어까지 다수 포함하고 있다고 밝혔어요. 반면 대화나 TV를 통해 접하는 단어 대부분은 원어민이 자주 사용하는 5,000개의 단어에 포함되어 있다고 하고요. 이는 책 읽기로 일상에서의 기본 단어뿐만 아니라 그 이상의 내용까지 풍부하게 습득할 수 있음을 증명합니다. 그 많은 단어와 표현이 아이가 책을 읽는 동안 머릿속에 차곡차곡 쌓이게 되니까요.

또한, 책은 이야기(story)를 통해서 내용을 전달하고 있어요. 사람은 기본적으로 이야기를 좋아하고, 이야기를 통해 들은 내용은 오래 기억해요. 영어 단어 하나만 똑 떼어서 외운 것이 아니기에 더 오랫동안 기억에 남아있지요. 물론 그렇게 익힌 영어 단어를 우리말로 명확히 바꿔 설명하기 어려울 수도 있어요. "이 단어의 의미는 OOO야."라고 이야기할 수 없는 것은 영어와 한국어를 일대일로 번역해가며 외우지 않았기 때문입니다. 하지만 그게 정답입니다. 맥락을 통해 영어를 접했기 때문에 실제로 그 단어가 어떤 상황에서 어떤 의미로 사용되는지, 오히려 쓰임을 더 정확하게 이해하고 있을 거예요. 풍부한 예문을 통해 영어 단어를 외운 것과 같지요.

이건 영상보기의 장점과도 같아요. 영어 단어와 표현을 구체적인 상황 속에서 받아들였기 때문에 쓰임을 더 정확하게 이해할 수 있습니다. 사실 입시 영어의 단점 중 하나가 실제 영어 사용과 연결되지 않는다는 점입니다. 문법이나 단어를 수학 공식처럼 학습하면 문제 풀이에는 도움이 될지 몰라도 실제 사용에는 어려움을 느끼게 됩니다. 부모님 역시 학창시절, 정말 많은 영어 단어를 외웠지만 아마도 그 단어를 문장으로 구사하기 어려웠을 거예요. 특히 의미가 비슷한 유의어의 경우, 어떤 상황에서 어떤 단어를 선택하는 것이 적절한지 쉽게 판단하기 힘들지요. 책을 통해 맥락에서 단어를 습득하게 되면 이런 문제에서 벗어날 수 있어요. 훗날 말하기나 쓰기로 자기 생각을 표현할 때도 더 자연스럽게 활용할 수 있고요.

 책 읽기의 또 다른 장점은 아이의 유추력과 사고력을 길러준다는 점에요. 영어라는 외국어로 책을 읽는 만큼 책 속의 모든 단어를 다 알기는 어려울 거예요. 하지만 아이의 수준에 맞는 적당한 책을 선택한다면 일부 모르는 단어가 나와도 충분히 내용을 이해하고 그 속에서 단어의 의미를 유추해낼 수 있게 됩니다. 책에는 앞서 말한 맥락이 있으므로 앞뒤 내용의 도움을 받아 모르는 단어도 충분히 이해하고 읽어낼 수 있어요. 그리고 이러한 경험이 쌓이면 새로운 책 읽기에도 좀 더 자신감 있게 도전할 수 있게 되고요.

 물론 책 읽기만으로 영어 습득이 다 해결되는 것은 아니에요. 그 외에 분명 보충해야 할 부분이 있어요. 하지만 책 읽기는 처음 영어를 접하는 아이가 영어 학습의 바탕을 튼튼히 쌓는 데 큰 도움을 줍니다. 책 읽기를 통해 영어 습득의 기반이 잘 만들어지면 다음 단계로 넘어가는 것이 훨씬 수월해지거든요. 먼저 책 읽기로 기본기를 충분히 마련한 후에 말하기와 쓰기 활동으로 확장하여 영어 실력을 향상하는 거죠. 그러기 위해서는 우선 꾸준한 읽기를 통해 책 읽기가 습관으로 자리 잡아야 합니다.

책 읽기 습관은 비단 영어 학습뿐만 아니라 아이의 전반적인 학습에 큰 도움이 됩니다. 영어책 읽기도 언어만 다를 뿐 본질은 같은 책 읽기입니다. 책 읽기, 즉 독서는 단순히 종이에 쓰인 단어의 의미를 파악하는 과정이 아니에요. 그걸 바탕으로 문장을 이해하고 문단을 이해하여 전체 글을 읽어나가는 과정이죠. 그리고 그 과정에서 책이 전달하고자 하는 주제와 메시지도 파악해야 하고요. 오랜 시간 책 읽기를 한 경험이 축적되면 이렇게 글을 읽고 이해하는 능력, 즉 '문해력'을 기를 수 있게 됩니다. 또 글 속에서 원하는 정보를 빨리 읽어내는 능력도 기를 수 있게 되고요.

아이가 받아들여야 할 많은 정보는 책에 담겨 있습니다. 물론 시대가 바뀌어 영상을 통해 제공되는 정보의 양도 무척 많아지고 있지만, 반드시 글을 통해 얻을 수 있는 정보가 있어요. 아이가 앞으로 겪어야 할 입시도 그렇고 특정 전문 분야의 지식은 여전히 글을 통해 얻어야 하죠. 그런데 문해력이 없으면 그런 정보에 접근조차 할 수 없습니다. 정보가 곧 힘인 요즘, 미래로 나아가려면 끊임없이 정보를 얻고 자기계발을 해나가야 해요. 어릴 때부터 가정에서 아이의 책 읽기 습관을 잡아준다면 아이는 원하는 정보를 더욱 효율적으로 얻을 수 있는 능력을 갖추게 될 거예요.

물론 꼭 학습적인 성과를 얻고 언어를 익히기 위해서 책을 읽는 것만은 아니에요. 무엇보다 책은 재미있어요. 책 속에서 아이는 재미와 감동을 느끼며 즐거움을 얻을 수 있지요. 때로는 흥미진진한 이야기를 통해 교훈을 얻기도 하며 세상에 대한 이해를 넓히고 인생을 지혜롭게 살아가는 데 큰 힘이 되어주지요. 특히 엄마·아빠와 어릴 때 함께 책을 읽은 기억은 아이가 정서적으로 더 안정적으로 자라는 데 큰 도움이 됩니다. 지적 성장과 정서적 성장 모두 이룰 수 있는 것입니다.

일단 아이가 푹 빠질 만한 영어책을 발견하기만 하면 그 뒤로는 순조롭게 진행할 수 있어요. 영어책 읽기의 즐거움을 발견한 아이는 시키지 않아도 스스로 영어책을 읽어나갈 거예요. 그 과정에서 언어를 습득하는 건 부수적으로 따라오게 될 거고요. 그래서 부모의 역할이 정말 중요해요. 아이의 취향에 맞는 책을 발견할 수 있도록 부지런히 책을 탐색해야 하거든요. 일단 취향 저격 책을 접하여 영어책 읽기의 즐거움을 경험할 수 있을 때까지 열심히 책을 찾아주어야 합니다. 물론 그 이후로도 아이의 읽기 욕구를 충족시킬 수 있도록 꾸준히 책을 공수해야 하고요. 아이가 좋아하는 책을 읽고 즐기게 되면 그것만으로도 성공이에요. 아이는 자신의 수준에 맞는 책을 읽어내며 많은 것을 배워나갈 거예요. 그리고 그러한 책 읽기 습관은 아이에게 무엇과도 바꿀 수 없는 소중한 자산이 될 것입니다.

리더스북으로 충분한 읽기 인풋 쌓기

준비 과정을 통해 문자를 익히고 영어 읽는 방법을 어느 정도 익혔다면 이제 본격적으로 읽기 연습을 해야 합니다. 첫 시작은 그림책과 함께 아이가 충분히 혼자서도 읽을 수 있는 쉬운 책으로 시작하는 것이 좋아요. 혼자서도 읽을 수 있다는 자신감을 가지는 게 무엇보다 중요하니까요.

리더스북은 읽기 훈련을 위해 만들어진 책이에요. 적은 분량의 글이 각 단계에 맞는 어휘와 표현으로 구성되어 있어 아이가 자신의 영어 수준에 맞춰 읽기를 해나갈 수 있어요. 물론 그림책도 사용된 언어와 주제 등을 분석하여 수준을 나눌 수 있어요. 하지만 아무래도 문학작품이다 보니 단어나 표현을 한정하는 데 한계가 있지요. 그에 비해 리더스북은 세부 단계에 따라 아이가 그동안 익힌 내용으로 충분히 혼자 읽을 수 있도록 구성되어 있습니다.

즉 리더스북은 '단계별 읽기'를 위해 만들어진 읽기 훈련용 책이라고 할 수 있어요. 여기서 읽기는 문자를 하나하나 해독하는 것이 아니라 책의 내용을 파악하는 활동이에요. 아이가 자신의 수준에서 벗어나는 텍스트를 접하게 되면 단어 하나하나, 문장 하나하나를 해석하며 의미를 파악해야 하므로 내용 이해에 시간이 오래 걸리지만, 리더스북은 단계별 읽기를 통해 텍스트를 쭉쭉 읽어나갈 수 있어요. 이러한 연습은 향후 다독을 위한 준비 과정이기도 해요. 자신의 수준에서 최대한의 능력을 발휘해서 책을 읽다 보면 단계가 향상되고, 어느 순간에는 단계에 상관없이 좋아하는 책을 읽을 수 있게 되기 때문입니다. 그러기 위해서는 자신의 수준에 맞는 텍스트를 반복해서 꾸준히 읽는 경험이 누적되어야 합니다.

01_그림책 같은 리더스북

아이는 지금쯤 파닉스를 통해 문자와 소리의 관계를 인식했을 거예요. 이제 리더스북을 읽을 준비가 된 거죠. 시작 단계에 해당하는 리더스북을 보면 한 페이지가 짧은 한 문장 정도로 구성되어 있고 글씨도 큼지막합니다. 책의 두께도 매우 얇아서 아이가 부담 없이 읽을 수 있어요. 또, 성공적으로 읽기를 해나가려면 낭독 연습이 매우 효과적인데, 리더스북은 낭독 연습에 활용하기에도 매우 최적화되어 있는 책입니다.

　물론 그동안 꾸준히 영어 그림책을 읽어온 아이들은 리더스북을 거치지 않고 챕터북 단계로 넘어가기도 합니다. 충분한 인풋을 통해 자연스럽게 읽기 수준이 향상된 거죠. 그렇게 그림책을 읽으며 자연스럽게 영어책의 수준을 높이는 것이 가장 이상적이지만 시간이 부족한 지금은 그림책과 리더스북을 병행하는 것이 효과적입니다. 아이가 스스로 읽을 수 있도록 순차적인 훈련을 함께 진행하는 거예요.

　그림책처럼 재미있으면서도 읽기 연습 하기에 좋은 리더스북을 흔히 '그림책 같은 리더스북'이라고 불러요. 종종 그림책으로 분류가 되기도 할 만큼 아이들이 부담 없이 시작할 수 있는 리더스북이지요. 재미있는 스토리에 그림이 내용을 잘 나타내면서도 문장이나 어휘 수준이 쉽다는 특징이 있어요. 아직 영어책 읽기를 시작하는 것이 어려운 아이들에게 정말 유용한 책입니다.

　다음에 소개하는 그림책 같은 리더스북에는 앞 장에서 언급한 '가이젤상'을 수상한 책도 많이 포함되어 있으니 첫 단계 리더스북으로 활용해보세요. 아이들이 읽기 자신감을 가지는 데 큰 도움이 될 거예요.

추천 그림책 같은 리더스북

Elephant & Piggie
Mo Willems AR 0.5~1.4 LG K-3

성격이 전혀 다른 두 친구인 코끼리 Gerald와 돼지 Piggie의 우정 이야기. 코끼리는 덩치는 크지만 조심스럽고 소심한 데 비해 돼지는 낙천적이고 엉뚱해요. 서로 다른 두 캐릭터가 만나 함께 어울리는 모습이 굉장히 사랑스러우면서도 재미있습니다. 현재까지 25권의 책이 출간되었는데 그중 가이젤 상을 받은 책이 7권이나 됩니다. 쉬운 대화체로 되어 있고 말풍선의 색깔로 대화가 구분되어 있어 쉽게 따라 읽기 좋아요.

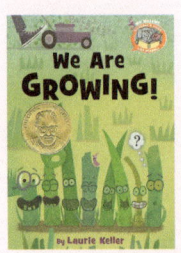

Elephant & Piggie Like Reading!
Mo Willems 외 다수 AR 1.0~1.8 LG K-3

《Elephant & Piggie》의 주인공인 Gerald와 Piggie가 재미있는 책을 소개해주는 형식으로 이야기가 흘러요. Mo Willems가 각기 다른 작가와 협업해서 만들었기 때문에 다양한 그림체가 있어요. 대화체로 이야기가 구성되어 있고 Gerald와 Piggie의 모습, Mo Willems의 추천사 등 《Elephant & Piggie》의 팬이 좋아할 만한 깨알 같은 재미가 있습니다. 현재까지 총 9권의 책이 출간되었고 그중 가이젤 상 수상작이 2권 포함되어 있어요. 《Elephant & Piggie》보다는 다소 난도가 있어요.

The Adventure of Otto

David Milgrim   AR 0.5~0.9   LG K-3

우주선에서 떨어져 지구로 온 로봇 Otto가 지구에서 여러 친구를 사귀며 재미있는 모험을 하는 이야기예요. 유명 리더스북인 'Ready-to-Read'의 'Pre-Level 1' 단계로 나온 책이기 때문에 읽기를 시작하는 단계에서 부담 없이 볼 수 있고 무엇보다 재미있어요. 현재 총 9권의 책이 출간되었고 그중 2권의 책이 가이젤 상을 받았어요.

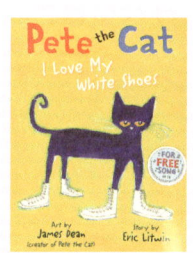

Pete the Cat

James Dean & Kimberly Dean   AR 1.2~2.3   LG K-3

의인화된 고양이 Pete가 주인공이에요. 어떤 상황에서도 완전 쿨한 Pete의 재미난 일상을 담고 있는데 그 속에 잔잔한 교훈도 있어서 아이들에게 보여주기 좋아요. 워낙 인기가 많은 캐릭터라 그림책, 리더스북, 액티비티북 등 다양한 버전의 책이 출간되었어요. 리더스북은 'I Can Read!' 라인으로 나왔으며 현재까지 'My First Level'로 17권, 'Level 1'으로 6권이 나왔어요. 또 최근에는 'I Can Read!'의 그래픽노블 라인인 'I Can Read! Comics'로도 나와 정말 다양하게 볼 수 있답니다. 공식 홈페이지(www.petethecatbooks.com)에 가면 출간된 책을 모두 살펴볼 수 있고 색칠놀이나 단어게임 등의 활동지도 내려받을 수 있습니다.

02_첫 시작으로 좋은 Oxford Reading Tree(ORT)

리더스북은 다양한 영미권 출판사에서 여러 시리즈를 선보이고 있어요. 보통 하나의 시리즈가 단계별로 구성되어 있는데 리더스북을 읽을 때 반드시 한 가지 시리즈의 책만 쭉 이어서 봐야 하는 건 아닙니다. 현재 수준에 맞는 여러 시리즈를 다양하게 활용할 수 있지요.

다만 아이가 좋아할 만한 리더스북을 찾는 데 시간이 많이 소요될 것 같다면 첫 시작으로 'Oxford Reading Tree; ORT'를 추천합니다. ORT는 영국 옥스퍼드 대학 출판부에서 만든 리더스북 시리즈로, 출간된 지 30년이 넘은 지금도 여전히 전 세계적으로 인기를 끌고 있습니다. 영어 교육용으로 만들어졌지만 워낙 재미있고 흥미진진한 이야기로 탄탄하게 구성되어 있어서 지루하지 않아요.

ORT 안에는 파닉스 교재를 비롯하여 파닉스 리더스북(디코더블 리더스), Biff, Chip, Kipper의 이야기, 각 나라의 전통 설화, 논픽션 리더스 등 다양한 시리즈가 포함되어 있어요. 일종의 광범위한 독서 프로그램이라고도 할 수 있지요. 따라서 ORT를 중심으로 읽기를 시작하다가 영어 인풋이 좀 쌓인 후에 다른 시리즈로 확장하는 것도 선택의 수고를 덜 수 있는 효율적인 방법입니다. 시리즈마다 차이는 있지만, 기본적으로 1단계부터 16단계까지 있고 책에 둘린 띠의 색깔로 레벨을 구별할 수 있게 되어 있어요.

ORT 대표 시리즈

Floppy's Phonics Fiction and Non-Fiction

Traditional Tales

Word Sparks

Biff, Chip and Kipper Stories

Explore with Biff, Chip and Kipper

Oxford Reading Tree: inFact

Biff, Chip and Kipper Decode and Develop

Biff, Chip and Kipper Stories

그중 국내에서 잘 알려진 것은 'Biff, Chip and Kipper Stories'입니다. 'ORT' 하면 Biff, Chip, Kipper의 이야기만 알고 계시는 분도 많을 만큼 가장 대표적인 시리즈예요. 국내에서 판매되는 ORT도 'Biff, Chip and Kipper Stories'를 중심으로 판매되고 있어요. 1단계부터 9단계까지 이루어져 있고 1단계는 글이 거의 없어 주로 1+단계부터 보는 편이에요(1단계도 그림 속 상품명이나 간판 등 간단한 단어를 통해 파닉스 연습을 할 수 있게 되어 있습니다).

이 시리즈는 처음에는 Kipper 가족의 일상을 중심으로 이야기가 전개됩니다. 이웃 및 친구들과 겪는 지극히 평범한 일상이지만 이야기 속에 잔잔한 유머와 반전이 담겨 있어서 아이들이 정말 좋아합니다. 그러다 5단계에서 'The Magic Key' 에피소드가 시작되면서 마법의 여행을 하기 시작해요. 시공간을 초월해 다양한 모험을 하면서 이야기가 더욱 흥미진진해지므로 아이들이 푹 빠져든답니다.

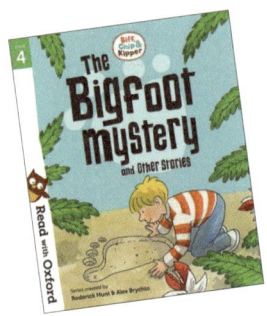

'Biff, Chip and Kipper Stories'의 이야기는 9단계에서 끝이 나지만 10+~12+단계에서 'Time Chronicles' 시리즈로 그 후속 이야기를 담고 있어요. 좀 더 성장한 주인공들이 악당을 물리치기 위해 시간 여행을 떠나는 이야기예요. 그동안 등장했던 경비 아저씨가 알고 보니 시간 여행을 하며 악당을 막는 시간 수호자였다는 사실도 밝혀진답니다. 이 시리즈는 여러 역사적 사건과 인물에 대해 다루고 있으므로 9단계까지 다 본 후에도 읽기 어려위할 수 있습니다. 그러니 바로 이어서 보는 것보다 여러 가지 논픽션 책도 접하며 영어 인풋을 풍부하게 쌓은 후 다시 보는 것을 추천합니다.

ORT 200% 활용 팁

ORT의 공식 사이트(oxfordowl.co.uk)에서 파닉스 학습을 위한 부모 가이드나 무료 eBook을 제공하고 있어 각 시리즈의 책을 살펴보고 난이도를 확인하는 데 매우 유용해요. 음원도 함께 들을 수 있으니 아이의 수준을 고려하며 살펴보세요. 현재 약 120여 권의 무료 eBook을 제공하고 있는데 'Biff, Chip and Kipper Stories'는 단계별로 1~2권 정도를 제공하고 있습니다. 또, 국내 ORT 홈페이지(ortkorea.com)의 콘텐츠 메뉴로 들어가면 단계별로 엄마·아빠가 참고하기에 좋은 자료들이 많아요. 특히 커버 노트에 대한 번역과 본문 번역, 활동자료 등을 무료로 제공하고 있습니다.

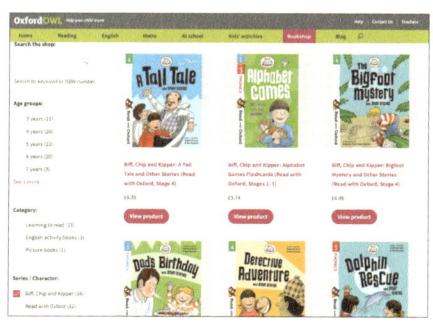

oxfordowl.co.uk

ORT Korea

03_ I Can Read!

하퍼콜린스(Harper Collins)에서 나온 리더스북 라인이에요. 총 6개의 단계로 나뉘어 있고 단계별로 다양한 시리즈의 책이 출간되었습니다. 우리가 흔히 알고 있는 《Biscuit》이나 《Pete the Cat》, 《Amelia Bedelia》 등 여러 유명한 리더스북 시리즈들이 'I Can Read!' 라인에 포함되어 있습니다. 1957년에 출판된 《Little Bear》를 시작으로 현재까지 수백 권이 넘는 책이 나왔는데 최근에는 'I Can Read! Comics'라는 신규 라인을 발표하고 아이들을 위한 그래픽 노블도 출판하고 있습니다.

이제 막 읽기를 시작하는 단계인 My Very First부터 함께 읽기, 스스로 읽기를 거쳐 고급 수준의 읽기를 하는 Level 4까지 총 6단계로 나뉘어 있습니다. 영어책 읽기를 이제 시작하는 초등 저학년 아이들에게는 My First Level부터 Level 1, 2단계의 책을 추천합니다. 홈페이지(icanread.com)에서 수준별, 캐릭터별로 다양한 책을 살펴볼 수 있고, 독후활동에 사용 가능한 활동지도 내려받을 수 있습니다.

Level	내용
My First Level	기본 어휘와 반복되는 문장으로 읽기를 시작하는 아이에게 적합한 수준이에요. 함께 읽기에 좋은 책입니다.
Level 1	점차 단어나 문장을 혼자 읽기 시작하는 아이를 위한 단계예요. 자주 접하는 단어와 간단한 문장으로 이야기를 전달하고 있어요.
Level 2	어느 정도 읽기에 자신감이 붙은 아이를 위한 단계예요. 문장의 길이가 길어지고 단어의 난도가 올라간 만큼 이야기가 더 흥미진진해져요.

04_Ready-to-Read

　Simon Spotlight에서 만든 리더스북 라인이에요. 아이들이 좋아하는 캐릭터를 주인공으로 한 책이 많이 포함되어 있는데 Olivia나 PJ Masks 같은 TV 프로그램의 인기캐릭터를 활용한 리더스북도 있어 영상과 함께 활용하기 좋습니다. 총 5개의 단계로 구성되어 있으며, 공식 홈페이지에서 제공하고 있는 단계별 렉사일 지수는 다음과 같습니다.

Ready-to-Read 단계	렉사일 지수
Ready-to-Go	AD120L~AD190L
Ready-to-Read Pre-Level 1	BR80L~410L
Ready-to-Read Level 1	290L~550L
Ready-to-Read Level 2	440L~690L
Ready-to-Read Level 3	450L~950L

　Pre-Level 1까지는 기본적인 단어, 특히 사이트 워드를 중심으로 문자를 인식하는 것에 초점을 두었고, Level 1부터는 혼자 읽기 시작하는 아이들을 위해 부담 없이 읽기를 연습할 수 있도록 이야기를 전개하고 있어요. 이제 영어책 읽기를 시작하는 단계의 아이들에게는 Ready-to-Go부터 Level 2 정도의 책을 추천합니다.

Level	내용
⭐ Ready-to-Go	읽기를 처음 시작하는 아이를 위한 단계. 각 이야기 당 어휘 수가 100개 전후로, 반복을 통해 제시되고 있어요.
⭐ Pre-Level 1	함께 읽기에 적합한 단계. 엄마·아빠와 함께 읽거나 소리 내어 읽기에 적합한 내용으로 구성되어 있어요. 인기캐릭터가 많이 등장합니다.
⭐ Level 1	혼자 읽기 시작하는 아이들을 위한 단계. 고빈도의 사이트 워드를 담고 있으며 비교적 간단한 구성과 대화체의 이야기로 이루어져 있어요.
⭐ Level 2	문장이 점차 길어지면서 좀 더 유창하게 읽기를 연습하는 단계예요. 짧은 챕터로 이야기가 구분되어 긴 이야기에 익숙해질 수 있습니다.

추천 그림책 시리즈

Arthur
Mark Brown AR 1.4~2.9 LG K-3

정말 유명한 책이자 애니메이션 시리즈예요. 주인공 아서는 초등학교 3학년 땅돼지(Aardvark) 캐릭터예요. 여동생 두 명과 부모님과의 에피소드, 그리고 주위 친구들과 그 나이대 아이들이 겪는 일상을 잘 담아내고 있습니다.

인기가 많은 만큼 책도 여러 종류가 있는데 가장 유명한 시리즈는 바로 '아서 어드벤처(Arthur Adventure)'예요. 애니메이션도 아서 어드벤처를 바탕으로 만들어졌습니다. 그런데 아서 어드벤처에는 AR 2점대의 책이 많고 글도 꽤 많아서 아직 영어 시작 단계의 아이들에게는 부담스러울 수 있어요. 따라서 지금은 좀 더 글이 적고 AR 1점대의 책이 많은 '아서 스타터(Arthur Starter)'부터 보는 것을 추천합니다. 대부분 한 페이지에 1~5줄 정도여서 부담 없이 읽을 수 있고 읽기 연습을 하기에도 좋아요. 일단 아이가 아서에 흥미를 보인다면 영상과 아서 스타터 그림책으로 시작해보는 것을 추천합니다. 그러다 아서 어드벤처나 리더스북으로 범위를 넓혀 보면 돼요. 애니메이션은 2022년에 시즌 25를 마지막으로 막을 내릴 예정이에요.

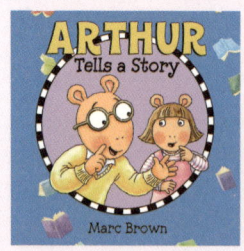

Little Critter

Mercer Mayer AR 1.3~3.3   LG K-3

어떤 동물로 만들어진 캐릭터인지는 정확히 알려지지 않았지만, 털이 복슬복슬한 귀여운 동물 리틀 크리터가 주인공이에요. 그림만 봐도 정말 익살스러운 개구쟁이라는 것을 알 수 있지요.

그림책은 가장 기본인 오리지널 버전이 있고 오리지널 버전에 이어서 나온 New Adventure 시리즈도 있어요. 다음 시리즈로 가면서 그림이 좀 더 업그레이드되었어요. 그 외에도 다양한 버전, 다양한 시리즈의 책이 나와 있어 지금까지 출간된 책의 권 수만도 상당합니다. 그림이 굉장히 세밀하여 그림을 살펴보는 재미가 있고 이야기도 초등 저학년 아이들이 딱 좋아할 만한 코믹한 내용이에요.

리더스북으로는 'I Can Read!'의 My First 레벨로 나온 책이 가장 유명하고 구하기도 쉬워요. 리틀 크리터의 리더스북은 그림책과 난이도가 비슷하지만 조금 더 쉬운 편이에요. 재미있게 볼 책을 찾는다면 그림책부터 함께 읽는 것이 좋고 리딩 연습을 할 목적이라면 리더스북부터 보는 것을 추천합니다.

 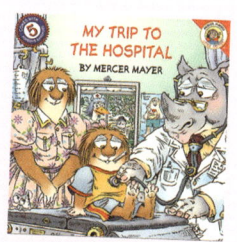 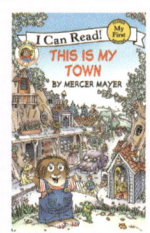

Little Blue Truck
Sherri Duskey Rinker (AR 1.1.~1.9) (LG K-3)

리틀 블루 트럭의 잔잔한 모험을 담은 이야기예요. 전체 시리즈가 AR 1점대의 책으로 구성되어 있어서 아이들이 어렵지 않게 읽을 수 있어요. 시리즈의 이야기는 모두 경적을 "Beep!" 하고 울리고 부릉부릉 엔진 소리를 내며 길을 떠나는 리틀 블루 트럭의 모습으로 시작해요.

투박하지 않고 화사한 색감의 자동차 모습이 이야기에 생동감을 더해요. 특히 자동차들의 다양한 표정을 구경하는 재미가 있답니다. 현재 8권의 그림책이 출간되었고 그림책 외에 사운드북이나 스티커북도 있어요.

영미권에서 워낙 인기가 많은 책이라 유튜브에서 책 읽어주는 영상을 쉽게 찾아볼 수 있어요. 그리고 이 책의 출판사인 Clarion Books 홈페이지(www.hmhbooks.com/series/little-blue-truck)에서 시리즈 중 3권의 오디오북을 무료로 내려받을 수 있고 활동지도 제공하고 있어요.

탈 것을 좋아하는 아이라면 《Goodnight, Goodnight, Construction Site》와 그 시리즈를 함께 읽어보는 것도 좋아요. 좀 더 어린 연령대의 아이들을 대상으로 나온 책이지만 글이 적지 않아서 탈것을 좋아하는 아이라면 함께 보기 좋은 책이에요.

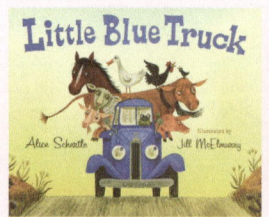
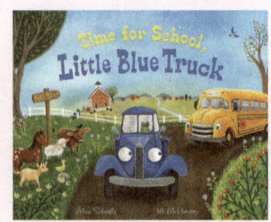

If You Give a Mouse a Cookie

Laura Numeroff AR 2.1~2.7 LG K-3

한 소년이 생쥐에게 쿠키를 주었더니 우유도 한 잔 달라고 하고, 우유를 주었더니 빨대도 달라고 하며 이야기가 꼬리에 꼬리를 물고 이어집니다. 이 책은 한 페이지에 한두 문장 정도로 구성되어 있으며 그림을 통해 충분히 이야기를 이해할 수 있어서 어렵지 않게 읽을 수 있어요. 무엇보다 재미있답니다. 이 책을 비롯한 'If You Give' 시리즈의 책은 미셸 오바마, 힐러리 클린턴 등 유명 인사가 행사에서 아이들에게 읽어준 책으로도 유명하며 오프라 윈프리 쇼에서 소개되기도 했어요.

1985년 《If You Give a Mouse a Cookie》가 출간된 이후 'If You Give' 시리즈로 생쥐 대신 돼지나 강아지, 고양이 등 다른 동물과 다른 음식을 주제로 현재까지 7권의 책이 출간되었으며, 그 외에 《If You Take a Mouse to School》, 《If You Take a Mouse to the Movies》등 다른 시리즈로도 다양한 책이 나와 있으니 함께 보기 좋아요.

2017년에는 애니메이션으로도 만들어져 아마존 프라임 비디오(Amazon Prime Video)에서 영상을 제공하고 있습니다. 아마존 프라임 비디오는 아마존에서 제공하는 OTT 서비스로, 유료로 이용이 가능합니다.

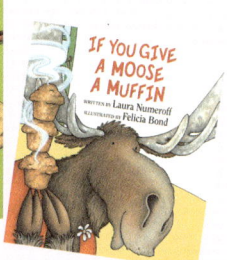

Froggy

Jonathan London AR 1.7~3.0 LG K-3

의인화된 개구리 캐릭터 프로기의 일상을 담고 있어요. 이 시기의 어린 남자아이들이 그렇듯 프로기도 이것저것 시도해보고 도전해보는 것을 좋아해요. 물론 계획대로 잘되지 않아서 읽다보면 웃음이 나올 수밖에 없는 스토리랍니다. 작가가 자신의 아이들에게 들려주던 이야기를 바탕으로 출간된 책으로 〈뉴욕타임스〉를 비롯하여 여러 곳에서 추천도서로 선정되었어요. 출간된 지 오래되었지만 여전히 많은 아이에게 사랑받고 있습니다. 특히 유치부~초등 저학년 아이들이 공감하며 읽을 수 있을 거예요. 게다가 이 책은 소리 내어 읽기에도 정말 좋아요. 글이 적은 편은 아니지만 의성어나 의태어가 많이 사용되었기 때문에 읽는 재미가 있답니다.

1992년 나온 《Froggy Gets Dressed》를 시작으로 현재까지 32권의 책이 나와 있고 리더스북으로도 1권이 나와 있어요. 리더스북은 펭귄영리더스(Penguin Young Readers) 라인의 Level 2로 출시되었는데, 펭귄영리더스는 '가이디드 리딩 프로그램(Guided Reading Program)'을 적용해 나온 펭귄랜덤하우스의 리더스북 라인입니다. 아직 리더스북이 1권만 나온 것이 아쉽지만 프로기 시리즈는 그림책만으로도 충분히 읽기 연습을 할 수 있답니다.

Mr. Men
Roger Hargreaves & Adam Hargreaves (AR 2.5~4.4) LG K-3

국내에서 《EQ의 천재들》로 유명한 시리즈의 영어원서예요. Mr. Happy, Mr. Noise, Mr. Messy 등 권마다 성격이나 성향, 행동의 특성이 하나의 캐릭터로 표현되어 주인공으로 나와요. 상상력을 자극하는 엉뚱함에 재미와 교훈까지 담고 있어서 아이들이 푹 빠져든답니다.

남자 캐릭터를 중심으로 나온 책이 'Mr. Men', 여자 캐릭터를 중심으로 나온 책이 'Little Miss'예요. 1971년 첫 책이 출간된 이후로 원작자인 아버지가 사망한 후에 아들이 계속해서 책을 출간하고 있어요. 성인 손바닥만 한 사이즈의 이 시리즈는 현재 Mr. Men 50권, Little Miss 37권의 책이 나와 있어요. 이밖에 크리스마스 에디션, 핼러윈 에디션 등 특별 버전도 많이 나와 있답니다. 유튜브 Mr. Men Little Miss Official 채널에서 애니메이션도 볼 수 있어요.

다만 이 책은 앞서 소개한 책들보다는 글이 많고 리딩 레벨도 다소 높은 편이에요. 처음에는 아이가 다소 부담스러워할 수 있으니 엄마·아빠가 읽어주기용으로 활용하다가 아이의 읽기 수준이 향상되면 점차 스스로 읽을 수 있도록 해주세요. 이 책을 통해 글이 많은 책에 익숙해지면 얼리 챕터북으로 좀 더 수월하게 진입할 수 있어요.

읽기 인풋을 강화하는 방법 - 낭독

아이가 스스로 읽을 수 있는 단계로 빠르게 접어드는 데 가장 효과적인 방법이 바로 낭독입니다. 낭독은 글을 소리 내어 읽는 것을 말해요. '읽기'는 크게 '독해(reading comprehension)'와 '낭독(oral reading)'으로 나눌 수 있는데 독해는 글의 내용을 해석하고 이해하며 읽는 것으로 꼭 소리 내어 읽어야 하는 것은 아니에요. 이와는 달리 낭독은 소리 내어 글을 읽지만 글에 대한 이해가 반드시 따라오는 것은 아닙니다. 하지만 낭독을 할 때도 가능한 한 의미를 이해하며 읽는 것이 읽기 인풋을 쌓는 데 도움이 됩니다. 따라서 엄마표 영어에서 아이의 낭독을 지도할 때도 아이가 충분히 이해 가능한 책으로 낭독 연습을 할 수 있도록 해야 합니다.

01_ 영어 자신감을 키우는 낭독

낭독은 이제 읽기를 시작하는 단계에서 매우 중요한 역할을 합니다. 낭독을 통해 읽기에 적응하고 성공적인 독해까지 이루어낼 수 있기 때문입니다. 언어학자 스티븐 크라셴 역시 소리 내어 읽기를 통해 읽기를 성공적으로 해낸 경험이 축적되면 읽기에 대한 자세도 긍정적으로 바뀔 수 있다고 강조하였습니다.

이제 영어를 시작하는 단계의 아이들에게 소리 내어 읽기를 강조하는 가장 큰 이유가 바로 여기에 있습니다. 영어 실력이 낮은 아이일수록 영어를 접해야 하는 상황에서 위축되는 경우가 많습니다. 영어 수업에서도 상대적으로 잘하는 아이들이 워낙 많다 보니 자신감이 떨어지기 쉽고요. 그러니 일단 스스로 영어에 대한 자신감을 가지는 게 중요합니다. 그리고 낭독만큼 아이들이 쉽게 따라 할 수 있고 실력 향상을 즉각 확인할 수 있는 활동이 없습니다. 다른 영역에 비해 자신이 얼마나 해냈는지를 명확하게 느낄 수 있는 활동이니까요. 낭독을 통해 '나도 어느 정도 영어를 할 수 있다'라는 인식이 들면 아이의 자존감과 자신감이 높아지는 것은 당연합니다. 초반에 이런 자신감을 가지는 것은 앞으로 장기적으로 진행될 영어 학습 과정에도 긍정적인 영향을 미치게 됩니다.

아이들은 학년이 올라갈수록 주위의 시선을 점점 더 의식하기 때문에 틀리는 게 두려워 아예 입을 닫게 되는 경우가 많습니다. 따라서 이 시기의 낭독은 추후 영어를 소리 내어 말하는 것의 불안을 낮춰줄 수 있습니다. 성공적인 읽기로 연결해주는 징검다리라고 볼 수 있지요.

물론 초등 저학년은 유아기 때처럼 무작정 말을 내뱉는 시기가 아니어서 처음에는 쑥스러워하기 쉽습니다. 그렇더라도 지금은 아이의 영어 발음이 형성되어가는 시기이기에 눈으로만 보는 것보다는 소리 내어 읽는 연습을 함께하는 것이 훨씬 좋습니다. 낭독 연습을 꾸준히 하다 보면 반복적인 성공의 경험을 통해 자신감을 가질 수 있을뿐더러 발음과 억양이 좋아지는 효과도 추가로 얻을 수 있습니다.

몇 년 전 EBS에서 방영되었던 '다큐프라임 - 한국인과 영어' 편에서 초등학교 아이들을 대상으로 낭독이 아이들의 영어 학습에 얼마나 효과가 있는지 알아보기 위한 실험을 진행한 바 있습니다. 8명의 아이에게 한 달간 자신이 고른 영어 그림책을 매일 소리 내어 읽도록 한 결과 아이들 모두가 독해력과 발음의 정확성, 문장의 읽기 속도에서 크게 향상된 결과를 보였습니다. 처음에는 영어 학습에 어려움을 느낀다고 인터뷰했던 아이들도 자신감 있게 영어를 읽는 모습을 보여주었지요.

낭독이 영어 자신감을 가지는 데에만 도움이 되는 것은 아닙니다. 낭독이 읽기 과정에 미치는 긍정적인 영향은 이미 잘 알려져 있는데, 미국 국립읽기 위원회(National Reading Panel)는 반복적으로 소리 내어 읽는 것이 읽기 유창성과 이해력을 향상하는 데 효과가 있다고 밝혔습니다. 낭독을 통해 유창하게 읽을 수 있게 되고 그 과정을 통해 글을 더 잘 이해할 수 있게 되는 것이죠. 《읽기 유창성 지도법》(뉴로사이언스러닝, 티모시 라신스키 외)에서는 소리 내어 읽기와 읽기 이해력 사이의 상관도가 무려 80~91%에 이른다고 밝히기도 했습니다. 소리 내어 읽는 과정을 통해 글의 의미를 파악하고 적절한 억양과 운율을 실어 글의 의도를 전달하려고 하기 때문입니다. 단순히 '소리만' 내어 읽는 것이 아닙니다. '유창하게 읽을 수 있다.'라는 것은 의미 단위에 따른 끊어 읽기, 운율 등이 모두 잘 드러난다는 것입니다. 즉, 글 내용에 대한 이해가 바탕이 되어야 가능한 일이지요.

02_낭독으로 영어 인풋 쌓기

낭독은 적극적으로 영어 인풋을 쌓는 과정에 해당합니다. 우리가 일 년 동안 진행해나갈 본 과정의 핵심은 '듣기 2 + 읽기 1'입니다. 모두 영어를 입력하고 받아들이는 과정이지만 듣기와 읽기의 수동성에는 차이가 있어요.

듣기는 정해진 속도와 흐름에 따라 영어를 받아들이게 됩니다. 흘려듣기의 경우 영상과 함께 주어진 정보를 그대로 흡수하고, 집중듣기는 소리를 들으며 눈으로 문자를 따라가기 때문에 전체적인 과정이 다소 수동적이에요. 하지만 읽기, 그중에서도 소리 내어 읽는 활동은 자신이 적극적으로 반응하며 내용을 이해하는 활동입니다. 눈과 귀, 입뿐만 아니라 정확히 발음하고 의미에 따라 끊어 읽기 위해서 열심히 뇌를 사용해야 하죠.

낭독과 반대인 묵독은 어느 정도 영어 인풋이 쌓인 후에 하는 것이 효과적입니다. 읽기를 시작하는 단계에서 눈으로만 읽는 연습을 하는 것은 읽기 능력 향상에 큰 도움이 되지 않아요. 오랜 시간 눈으로만 읽기를 해온 아이들에게 실제로 텍스트를 읽어보라고 하면 제대로 못 읽는 경우가 허다하고요. 우리 부모 세대가 그렇게 영어를 공부해왔으니 잘 아실 거예요. 그러니 아이의 읽기 유창성이 어느 정도 확보되기 전까지는 낭독을 통해 발음과 내용 이해, 두 가지를 모두 잡도록 해주는 것이 좋습니다.

03_효과적인 낭독 방법

그럼 낭독은 어떻게 해야 할까요? 핵심은 음원을 들은 후 최대한 비슷하게 반복해서 따라 읽는 것입니다. 읽기 전에는 먼저 음원을 통해 정확한 발음과 끊어 읽기, 강세, 연음 등을 확인해야 합니다. 어디에서 끊어 읽었는지, 어디에서 힘주어 읽었는지 등을 원어민의 음성으로 확인하는 거죠. 들으며 확인한 내용을 텍스트에 간단하게 표시를 해두어도 좋습니다. 그리고 최대한 비슷하게 따라 읽어보는 거예요. 감정이나 느낌을 최대한 살려서요. 잘 들어야 잘 읽을 수 있으므로 집중해서 듣고 따라 읽어야 합니다.

읽을 때는 큰 소리로 따라 읽는 것이 좋습니다. 그래야 자신의 목소리를 귀로 들으며 정확한 발음을 위해 좀 더 신경 쓸 수 있거든요. 최대한 원어민의 음원에 가깝게 읽을 수 있도록 여러 번 반복하는 것이 좋지만 그렇다고 너무 완벽하게 해내려고 하지 않아도 괜찮습니다. 텍스트를 반복해서 읽을 때마다 점차 유창하게 읽을 수 있게 되고, 내용도 더 잘 이해하게 될 거예요.

자신의 낭독 과정을 점검하면서 읽으면 더 좋습니다. 이런 과정을 더욱 쉽게 하려고 만들어진 낭독 전문 책도 몇 권 있답니다. 그중에서《주니어 영어 낭독 훈련》(사람in, 박광희) 시리즈는 '음원 듣기-들으며 따라 하기-섀도잉 하기-외워서 말하기'의 단계에 따라 텍스트를 읽을 수 있도록 구성되어 있어요. 현재 수준에서 섀도잉이나 외우기까지 할 필요는 없지만 낭독 연습에 대한 전체적인 과정에 익숙해지는 데 도움을 받을 수 있을 거예요.

낭독을 오랜 시간 지속하기에는 체력적으로 힘드니 하루에 30분 전후가 가장 적당합니다. '듣기 2 + 읽기 1'을 중심으로 엄마표 영어를 진행해나갈 때 '읽기 1', 즉 읽기 1시간에서 낭독의 비중을 30분으로 잡는 거예요. 아침과 저녁에 각각 15분씩 나눠서 해도 좋아요. 초반에는 10분 전후로 시작해서 차츰 시간을 늘려주세요. 낭독 외의 읽기 시간은 아이의 성향에 맞게 책 읽어주기나 함께 읽기, 나눠 읽기 등 다양한 방법을 선택하면 돼요.

낭독은 준비 과정에서부터 시작할 수 있습니다. 알파벳, 파닉스를 학습하며 읽었던 리더스북이나 그림책이 있다면 그 책을 중심으로 낭독을 하세요. 그러다가 리더스북의 1~2단계에 해당하는 책을 낭독하면 됩니다. 더불어 다음 장에 자세히 소개하는 사이트 워드를 익히게 되면 초기 단계의 리더스북은 어느 정도 읽기가 가능해집니다. 그렇게 챕터북을 읽을 수 있는 수준까지 실력이 향상되면 점차 묵독으로 비중을 옮겨가는 거죠.

대부분의 아이가 초반에는 조금 쑥스러워하다가 익숙해지면 낭독을 곧잘 해내는 편이지만 드물게 소리 내어 읽는 활동을 '정말' 싫어하는 아이도 있어요. 그런 성향의 아이라면 읽기 활동에서 낭독의 비중을 대폭 줄이고 정확하게 읽을 수 있는지만 확인하고 넘어가는 것도 하나의 방법입니다. 쉬운 리더스북 한두 권만 낭독하게 하거나 읽고 있는 책의 몇 장만 소리내어 읽도록 해주세요.

　낭독을 잘하려면 아이가 충분히 이해하고 있는 책, 또는 충분히 이해 가능한 책을 활용하는 것이 효과적입니다. 따라서 다른 활동을 하며 읽었던 책을 다시 낭독에서 활용하는 것도 좋아요. 예를 들어 집중듣기에서 보았던 책이나 엄마와 함께 읽었던 책을 다시 한번 소리 내어 읽는 것이죠. 지금 단계에서 아이들이 읽을 수 있는 책은 리더스북과 그림책인데, 아무래도 리더스북이 읽기 연습을 위해 만들어졌기 때문에 어휘와 문법, 문장 길이 등이 아이가 스스로 읽어나가기 좋습니다. 그림책은 아무리 쉬워도 문학작품이기 때문에 간혹 유추가 필요한 부분은 바로 읽기 어려울 수 있어요. 따라서 그림책으로는 풍부한 영어 인풋을 쌓고 리더스북으로는 유창하게 읽는 연습을 한다고 생각해주세요. 무엇보다 성취감과 자신감을 가지는 게 중요하기 때문에 충분히 쉬운 책으로 꾸준히 연습할 수 있도록 해야 합니다.

영어책 읽기를 돕는 사이트 워드

사이트 워드는 '보는 즉시 한눈에 읽어낼 수 있는 단어'라는 의미에서 '사이트 워드(Sight Words)' 또는 '일견어휘(一見語彙)'라고 부릅니다. 글을 읽을 때 바로 알아볼 수 있을 만큼 자주 쓰이는 기초 단어들로 구성되어 있어요. 사이트 워드에는 'jump, blue, run' 등 실질적인 의미 표현이 주된 기능인 '내용어(content words)'도 있고, 'and, a, the' 등 문법적인 기능이 더 강조되는 '기능어(structure words)'도 포함되어 있습니다. 하지만 주로 쉽게 이미지화되지 않는 관사나 전치사 같은 기능어가 많고 파닉스 규칙을 따르지 않는 단어도 많은 편입니다.

이제 영어를 시작하는 아이들에게 사이트 워드 학습은 필수예요. 다양한 텍스트를 접하며 자연스럽게 단어를 익히는 것이 이상적이기는 하지만 우리는 단시간에 챕터북 진입을 목표로 하고 있으므로 직접 단어 인풋을 넣어주어야 합니다. 이제 영어를 시작하면서 동시에 읽기도 수행해야 하니까요.

실제로 사이트 워드는 읽기 텍스트의 약 50%를 차지한다고 밝혀져 있는데, 어린아이들을 비롯한 초보 읽기 학습자를 대상으로 하는 텍스트의 경우 사이트 워드가 차지하는 비중이 75%에 달한다고 합니다. 따라서 사이트 워드를 익히는 것만으로도 읽기 향상에 큰 효과를 볼 수 있습니다.

　사이트 워드를 익히고 나면 아이들은 리더스북 1, 2단계 정도 되는 책을 조금씩 읽을 수 있게 됩니다. 이제 읽기를 시작하는 단계인 만큼 충분히 쉬운 책을 보면서 연습하는 것이 필요한데 처음엔 그마저도 안 되는 경우가 많습니다. 이때 사이트 워드를 통해 책 읽기 진입이 가능해지는 거죠.

　사실 그동안 사이트 워드는 파닉스 학습이나 다른 영역에 비해서 상대적으로 덜 중요하게 여겨졌습니다. 영어를 오랜 기간 충분히 접해온 아이들은 사이트 워드를 따로 학습하지 않아도 자연스럽게 이해하고 있는 경우가 많았고요. 하지만 아직 영어 인풋이 많이 쌓이지 않은 상태에서 읽기를 시작해야 하는 아이들에게 문자와 소리의 관계를 떠올려 일일이 분석하고 의미를 해석하는 게 큰 부담으로 다가옵니다. 이때 눈에 보고 이해할 수 있는 사이트 워드를 많이 알수록 부담을 덜 수 있습니다. 다음 단계로 넘어서는 것도 훨씬 수월하고요. 그러니 초3을 앞둔 현시점에서 읽기 능력을 향상하려면 사이트 워드를 최우선으로 해야 합니다.

01_사이트 워드 목록

사이트 워드는 어휘가 특정된 것이 아니며 연구자에 따라 다양한 사이트 워드 목록이 있습니다. 그중 가장 유명한 것은 에드워드 윌리엄 돌치(Edward William Dolch) 박사가 개발한 'Dolch Word Lists'입니다. 1930~1940년대 아동도서에서 가장 자주 등장하는 단어를 분석하여 총 315개의 단어로 이루어진 목록을 만든 것으로, 프리스쿨에 해당하는 유아기부터 3학년까지의 단계별 어휘와 자주 사용하는 명사 어휘를 포함하고 있습니다. 이 어휘들은 아동도서에서는 약 80%, 성인을 대상으로 한 도서에서는 약 50%의 비중을 차지한다고 합니다.

또 하나 자주 활용되는 것은 에드워드 프라이(Edward Fry) 박사가 개발한 'Fry Sight Words'입니다. 돌치 박사의 사이트 워드 목록보다 좀 더 최근에 개발되었고 범위도 넓습니다. 1950년대에 개발되어 1980년에 최종 확정된 이 목록에는 총 1,000개의 단어가 포함되어 있습니다. 3~9학년 아이들의 읽기 자료에 빈번히 사용되는 단어를 바탕으로 100개 단어를 한 그룹으로 하여 총 10개 그룹으로 구성하였습니다.

돌치 사이트 워드 및 프라이 사이트 워드 모두 'sightwords.com'에서 확인할 수 있습니다. 플래시 카드도 내려받을 수 있고 관련 게임도 소개하고 있으므로 가정에서 활용하기 좋답니다. 다음 QR 코드로 돌치 사이트 워드 목록과 프라이 사이트 워드 목록을 직접 확인해보세요.

돌치 사이트 워드 목록과 플래시 카드, 관련 게임
bit.ly/3Dxnh2X

프라이 사이트 워드 목록과 플래시 카드, 관련 게임
bit.ly/3IGw3pm

어떤 사이트 워드 목록이 더 좋을까?

두 가지 모두 아이들이 필수로 알아야 할 어휘를 포함하고 있지만 프라이 사이트 워드가 3~9학년 아이들의 읽기 자료를 바탕으로 하는 만큼 지금 초3을 앞둔 우리 아이들은 돌치 사이트 워드를 우선 익히는 게 좋습니다. 유아기부터 초등 저학년까지의 고빈도 어휘를 담고 있으니 돌치의 사이트 워드를 기본으로 익힌 다음 프라이 사이트 워드로 확장할 수 있도록 해주세요.

다음에 제시하는 목록은 총 6개 그룹으로 묶인 돌치 사이트 워드 목록입니다. 유치원 전 과정인 Pre-K 단계부터 3학년까지 총 5단계로 나누어 빈도수 높은 어휘를 분류하였으며, 명사는 따로 목록화하여 제시하고 있습니다.

PRE-KINDERGARTEN(유치원 전 과정)				
a	find	is	not	three
and	for	it	one	to
away	funny	jump	play	two
big	go	little	red	up
blue	help	look	run	we
can	here	make	said	where
come	I	me	see	yellow
down	in	my	the	you
KINDERGARTEN				
all	do	no	she	well
am	eat	now	so	went
are	four	on	soon	what
at	get	our	that	who
ate	good	out	there	will
be	have	please	they	with
black	he	pretty	this	yes
brown	into	ran	too	
but	like	ride	under	
came	must	saw	want	
did	new	say	was	
FIRST GRADE				
after	fly	how	open	then
again	from	how	over	think
an	give	know	put	walk
any	going	let	round	were
as	had	live	some	when
ask	has	may	stop	
by	her	of	take	
could	him	old	thank	
every	his	once	them	
SECOND GRADE				
always	before	call	fast	gave
around	best	cold	first	goes
because	both	does	five	green
been	buy	don't	found	its

made	right	these	wash	write
many	sing	those	which	your
off	sit	upon	why	
or	sleep	us	wish	
pull	tell	use	work	
read	their	very	would	

THIRD GRADE

about	eight	if	only	ten
better	fall	keep	own	today
bring	far	kind	pick	together
carry	full	laugh	seven	try
clean	got	light	shall	warm
cut	grow	long	show	
done	hold	much	six	
draw	hot	myself	small	
drink	hurt	never	start	

NOUNS

apple	children	flower	money	sister
baby	Christmas	game	morning	snow
back	coat	garden	mother	song
ball	corn	girl	name	squirrel
bear	cow	goodbye	nest	stick
bed	day	grass	night	street
bell	dog	ground	paper	sun
bird	doll	hand	party	table
birthday	door	head	picture	thing
boat	duck	hill	pig	time
box	egg	home	rabbit	top
boy	eye	horse	rain	toy
bread	farm	house	ring	tree
brother	farmer	kitty	robin	watch
cake	father	leg	Santa Claus	water
car	feet	letter	school	way
cat	fire	man	seed	wind
chair	fish	men	sheep	window
chicken	floor	milk	shoe	wood

02_사이트 워드 학습법

사이트 워드를 학습할 때는 각 단어의 발음뿐만 아니라 의미도 함께 이해해야 합니다. 따라서 단어를 소리 내서 읽는 연습과 의미를 이해하는 과정이 필수입니다. 영어를 시작하는 초기 단계에서는 아직 영어 인풋이 많이 쌓이지 않았기 때문에 단어를 읽고 익히는 것이 습관이 되지 않아 어려울 수 있어요. 이때는 그림이 포함된 플래시 카드나 영상을 활용하는 것이 좋습니다. 유튜브 채널 'WorldCom EDU'에서는 단계별 사이트 워드를 예문이 담긴 애니메이션과 원어민의 설명으로 제시하고 있어 아이들이 쉽게 단어를 이해하는 데 도움이 됩니다.

사이트 워드는 매일 꾸준히 익히고 다시 또 반복해서 볼 수 있도록 해야 합니다. 처음부터 너무 많은 단어를 학습하면 시간이 지나면서 쉽게 잊을 수 있고 복습을 할 때도 부담이 될 수 있으니 하루 2~3개 정도씩 익힌 다음

일주일 단위로 복습하는 것이 좋습니다.

리더스북 읽기를 시작하면 리더스북 안에서도 사이트 워드를 복습할 수 있으니 아이들은 여러 경로로 사이트 워드를 익힐 수 있어요. 이때 한 가지 주의해야 할 점은 사이트 워드는 꼭 맥락을 통해서 익혀야 한다는 것입니다. 단어만 따로 떼어 내어 외우게 되면 실제 쓰임을 이해하는 데 한계가 있으니 꼭 상황과 문장을 통해 사이트 워드를 익힐 수 있도록 해주세요.

사이트 워드를 복습할 때는 플래시 카드나 게임 등을 활용하는 것이 효과적입니다. sightwords.com에서 제공하는 플래시 카드나 게임을 활용해도 좋고 구글에서 'sight word game'을 검색하면 많은 무료 게임이 나오니 적당한 것을 골라 활용하세요. 에듀케이션닷컴(education.com)에서도 양질의 워크시트를 내려받을 수 있습니다.

사이트 워드를 애니메이션, 원어민 강의, 퀴즈와 함께 제공하는 WorldCom EDU
bit.ly/3pblCv4

sightwords.com에서 제공하는 여러 형태의 사이트 워드 플래시 카드
bit.ly/3rrxcVH

간단한 회원 가입 후 사이트 워드 워크시트를 내려받을 수 있는 에듀케이션닷컴
bit.ly/3lkzTV2

사이트 워드를 플래시 카드 형태로 프린트해서 집 안 곳곳에 붙여놓거나 링 바인더 같은 곳에 넣어서 수시로 볼 수 있도록 하는 것도 좋은 방법입니다. (물론 따로 의미를 익히는 학습은 해야 합니다. 붙여놓기만 하면 안 돼요!) 앞서 말씀드린 것처럼 사이트 워드에는 규칙에 따라 발음되지 않는 단어들이 많아요. 왜 /e/가 'red'에서는 [e]로 소리 나는데 'me'에서는 [i]로 발음되는지 하나하나 이해하는 것은 아직 아이들에게 어려울 수 있어요. 따라서 여러 번 반복해서 보고 읽으면서 '통으로' 의미와 소리를 기억할 수 있도록 해주세요. 보고 바로 읽고 이해할 수 있을 정도로요.

이렇게 아이들이 텍스트를 읽을 때 '자동성(quick word recognition)'을 가져야 읽기 실력이 향상됩니다. 사이트 워드에 대한 인식이 '자동화'되는 것만으로도 읽기를 더 막힘없이 진행할 수 있게 되지요. 개별 단어를 해석하는 데 시간을 절약할 수 있어서 다른 모르는 내용에 집중할 수 있는 시간을 벌 수 있기도 하고요.

필요하다면 사이트 워드 교재를 한 권 정도 활용하는 것도 좋습니다. 《바쁜 초등학생을 위한 사이트 워드》(이지스에듀)를 비롯하여 국내 출판사에서 개발한 대부분의 사이트 워드 교재가 단어를 제시하고 함께 따라 쓰면서 익힐 수 있게 되어 있어 문제를 풀면서 자연스럽게 사이트 워드를 익힐 수 있어요. 다만 주의해야 할 점은 아직 영어 인풋이 많이 쌓이지 않은 상태에서 무리한 단어 외우기가 되지 않도록 하는 거예요. 매일 조금씩 단어를 익히고 다시 여러 번 복습하는 것이 좋습니다.

무엇보다 사이트 워드 학습을 아이가 매일 충분히 할 수 있는 수준으로 꾸준히 지속하는 것이 중요합니다. 그래야 향후 어휘 학습으로도 자연스럽게 이어질 수 있습니다. 어휘력은 읽기를 성공적으로 해나가는 데 꼭 필요한 바탕이기 때문입니다. 사이트 워드 학습을 통해 단어를 맥락 속에서 익히고 이해해나가는 과정에 익숙해지도록 도와주세요.

chapter 4

본 과정 : 듣기 인풋 쌓기

영어 듣기의 두 가지 방향

영어를 듣기부터 시작해야 한다는 이야기는 많이 들어보셨을 거예요. 특히 영유아를 대상으로 한 영어 교육에서는 듣기를 통해 모국어처럼 영어를 습득하기를 강조하고 있습니다. 이건 초등학생을 대상으로 한 영어 교육에서도 마찬가지입니다. 듣기가 가장 기본이 되어야 합니다. 어떤 언어를 배우든 듣기를 바탕으로 언어의 다른 기능까지 확장해 나가는 것이 바람직한 언어 습득의 순서니까요. 실제로 언어의 4가지 기능인 말하기, 듣기, 읽기, 쓰기가 일상생활에서 활용되는 순서를 분석한 연구에 따르면 듣기가 45%, 말하기 30%, 읽기 16%, 쓰기 9%를 차지합니다.

영어 듣기 실력을 향상하기 위해서는 우선 영어의 소리를 식별할 수 있어야 합니다. 이건 준비 과정에서 알파벳, 파닉스 학습 등을 통해 가능해졌을 거예요. 어느 정도 소리를 인식할 수 있게 되면 본격적으로 두 가지 방향으로 듣기를 진행해야 합니다. 하나는 단어나 문법, 문장 등 세부적이고 구체적인 요소를 파악하면서 듣는 '상향식(bottom-up) 듣기', 다른 하나는 전체적인 내용 파악을 중요시하는 '하향식(top-down) 듣기'입니다. 듣기를 성공적으로 하려면 이 두 가지 과정이 모두 필요합니다.

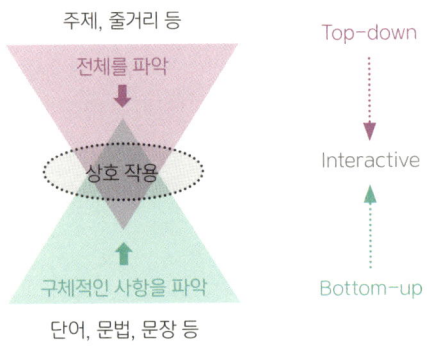

01_상향식(bottom-up) 듣기 : 집중듣기

상향식 듣기는 아래에서 위로, 즉 세부적인 것에서 전체적인 것으로 나아가는 듣기입니다. 문자 인식부터 시작해서 단어, 문장으로 점차 범위를 넓혀 듣기를 해나가는 거예요. 이것은 읽기를 진행하는 과정과도 같아요. 듣기와 읽기 모두 상향식 과정과 하향식 과정이 있는데 상향식은 세부적인 것을 해석(decoding)하며 의미를 파악하는 것이 핵심입니다. 뒤에 자세히 설명할 '집중듣기'가 바로 이런 상향식 듣기를 연습하는 활동이라고 할 수 있어요. 들은 소리에 맞는 문자를 인식하고 내용을 하나하나 확인하며 의미를 파악해 나가는 거예요.

02_하향식(top-down) 듣기 : 흘려듣기

하향식 듣기는 말 그대로 위에서부터 아래로, 즉 전체적인 내용 파악을 우선하여 듣기를 하는 거예요. 의미를 추측하고 주제를 파악하는 게 중심이어서 단어나 문법 같은 세부 내용에는 큰 비중을 두지 않아요. 의사소통할 때 상대방의 의도를 파악하기 위해 듣는 것이 하향식 듣기의 대표적인 예입니다. 이 책에서 듣기의 두 번째 활동으로 소개할 '흘려듣기' 역시 하향식 듣기에 해당한다고 할 수 있습니다. 전달하는 메시지에 신경을 쓰기 때문에 텍스트를 하나하나 분석하지 않고 듣기를 진행합니다. 이때 중요하게 작용하는 것이 바로 듣는이의 배경 지식이에요. 그동안 쌓아온 지식과 경험을 토대로 내용을 파악하기 때문입니다.

상향식 듣기와 하향식 듣기 중 어느 것이 더 중요하다고 이야기할 수는 없어요. 세부적인 내용을 분석하는 능력, 전체적인 메시지를 파악하는 능력 모두 듣기 과정에서 중요하기 때문입니다. 상향식 듣기와 하향식 듣기는 상호보완적인 관계로, 필요에 따라 상향식 듣기와 하향식 듣기를 선택적으로 할 수 있도록 충분히 연습해야 합니다.

이 책에서는 이제 초3을 앞둔 아이들이 세부적인 내용을 분석하면서 듣는 연습과 전체적인 내용을 파악하기 위한 듣기 연습을 모두 할 수 있도록 제시하고 있어요. 바로 텍스트를 보며 꼼꼼하게 듣는 '집중듣기'와 텍스트 없이 영상을 보며 듣는 '흘려듣기'를 통해서입니다. 이 두 가지 과정을 통해 상황에 따라 전략적으로 듣기 능력을 활용할 수 있는 능력을 길러나갈 것입니다.

텍스트 보며 듣기(집중듣기) 1시간

'집중듣기'는 책의 텍스트를 보며 소리를 듣는 활동으로 듣기 음원의 속도에 맞춰 텍스트를 눈으로 함께 읽어나가는 방식으로 진행합니다. 소리에 맞게 텍스트를 하나하나 짚어가며 보기 때문에 단어나 문법 등 세부적인 내용을 꼼꼼하게 살펴보게 되지요.

집중듣기에서는 소리와 문자를 함께 인식하는 것이 핵심이자 특징입니다. 그래서 보통 펜이나 손가락 등으로 문자를 짚어가며 소리를 듣습니다. 음원이 흘러가는 속도를 놓치지 않고 따라가기 위해서는 이렇게 문자를 직접 짚어주는 게 효과적이거든요.

집중듣기는 수많은 엄마표 영어 성공사례에서 강조되어 온 유명한 학습 방법이기도 합니다. 집중듣기를 통해 따로 파닉스 학습을 하지 않고도 영어 챕터북을 읽을 수 있게 된 아이도 많고, 리딩 레벨을 올리는 데에도 효과적이라고 알려져 있어요.

그런데 집중듣기는 음원이 흘러가는 일정 속도에 따라 문자와 소리, 두 가지를 모두 놓치지 않아야 하므로 집중력을 상당히 필요로 하는 어려운 활동이에요. 그만큼 아이의 인내심을 요구하지요. 처음부터 집중듣기를 좋아하는 아이는 아마 없을 거예요. 그나마 다행인 것은 이제 초3을 앞둔 아이라면 어느 정도 학습에 익숙해졌다는 점이에요. 아직 서툴지만 참고 배워나가는 게 가능한 나이가 된 것이죠.

아이가 집중듣기를 하는 동안 가능하면 엄마는 아이 곁을 지켜주세요. 옆에서 아이를 북돋고 응원해주면 아이는 더 힘을 내서 집중할 수 있을 거예요. 특히 초반에는 아이가 집중듣기 자체에 익숙하지 않아서 헤맬 수 있어요. 집중듣기는 어른이 하기에도 쉽지 않은 과정이니까요. 잠깐만 딴생각을 해도 음원의 흐름을 놓칠 수 있으니 아이가 소리에 맞게 텍스트를 잘 따라가고 있는지 옆에서 지켜봐 주는 것이 좋습니다.

집중듣기를 시작하는 초반에는 주로 5~10분으로 시작해서 조금씩 시간을 늘려나가지만, 우리의 목표는 1시간입니다. 짧은 준비 과정을 거친 후 바로 집중듣기를 1시간씩 하는 건 정말 힘들어요. 하지만 우리의 목표는 1년이라는 기간 동안 인풋을 왕창 쏟아부어 챕터북 단계에 진입하는 거니 노력이 필요합니다. 그래야 아이의 나이와 읽을 수 있는 책의 수준이 최대한 비숫해질 수 있기 때문이죠. 지금 아이의 읽기 능력을 챕터북 수준으로 끌어올리지 않으면 아이의 나이에 비해 영어책의 수준이 너무 낮아져요. 그럼 책으로 영어 인풋을 쌓는 과정이 더 힘들어지겠죠? 그러니 엄마와 아이가 같이 힘을 내서 딱 1년은 영어에 집중적으로 투자하기로 이야기해보세요. 그리고 매일 1시간씩 집중듣기를 실천하는 겁니다.

01_효과적인 집중듣기를 하려면?

우선 집중듣기를 하기 전에 아이와 함께 책을 살펴보는 것이 좋습니다. 그림책이라면 그림을 먼저 훑어보고, 리더스북이라면 어떤 내용의 책인지, 주인공은 누구인지 살펴보는 거죠. 그런 다음 아이가 소리와 텍스트에 충분히 몰입할 준비가 되었을 때 집중듣기를 시작합니다. 그래야 내용에 대한 이해 없이 기계적으로 문자를 따라가지 않을 수 있습니다.

집중듣기를 할 때는 음원의 속도와 눈으로 읽는 속도가 맞아야 하므로 음원을 미리 점검하세요. 흐름을 놓치지 않기 위해 손가락이나 펜으로 짚어가며 듣는 것도 도움이 됩니다.

책의 페이지 수에 따라 다소 차이가 있지만 지금 수준에서 1시간 동안 집중듣기를 하려면 최소 10~20권 정도의 책이 필요합니다. 매번 새로운 책을 준비하는 것은 어려우니 일부 책은 반복해서 읽는 게 좋습니다. 외국어 학습에서 반복은 정말 중요하고 효과적인 활동이에요. 그러니 아이가 좋아하는 책 위주로 반복해서 집중듣기를 해주세요. 그러다 잘 읽을 수 있게 되면 그 책은 집중듣기 목록에서 빼는 식으로 진행하는 거죠. 반복을 싫어하는 아이라면 그날 바로 반복하는 대신 일정 기간을 두고 다시 그 책을 볼 수 있도록 해주시고요. 어차피 집중듣기를 한 책은 읽기 과정에서 또 보게 될 거예요. 아이가 반복을 원하지 않는 책은 다음을 기약해주세요.

한 가지 좋은 방법은 그날 읽을 책을 아이가 직접 고를 수 있도록 하는 거예요. 엄마가 먼저 범위를 한정한 다음 그 안에서 아이에게 선택권을 주는 거지요. 주말에 서점이나 도서관에서 같이 책을 골라보는 것도 좋고, 인터넷으로 책을 주문할 때 아이와 의논하는 것도 좋은 방법이에요. 일단 아이의 수준에 맞는 책으로 범위를 좁힌 다음 아이에게 고를 수 있게 해주세요.

이 나이대 아이들은 스스로 결정하는 것을 좋아하고 본인이 한 결정을 지키려고 노력할 줄 알아요. 자신이 볼 책을 스스로 고른다면 끝까지 보기 위해 더 노력하게 될 거예요.

02_ 집중듣기용 콘텐츠

텍스트 보며 듣기, 즉 집중듣기의 기본은 책입니다. 집중듣기용 책이 따로 있는 건 아닙니다. 앞서 언급한 쉽고 재미있으면서도 읽기 연습에 도움이 되는 그림책과 리더스북을 통해 집중듣기를 할 수 있고, 집중듣기를 했던 책을 엄마와 함께 책 읽기를 할 때 보거나 낭독할 때 활용할 수도 있습니다.

가장 중요한 것은 책과 함께 집중듣기에 활용할 음원을 구하는 것입니다. 기본적으로는 CD나 세이펜 등으로 들을 수 있는 음원이 제공되는 책을 활용하는 것이 좋습니다. 리더스북 시리즈는 대부분 음원이 함께 제공되는 편이며, 음원이 없는 그림책의 경우 구글에 그림책 제목과 'read aloud'를 넣어 검색하면 집중듣기에 활용할 수 있는 원어민 책 읽기 영상을 찾을 수 있어요. 음원의 질과 속도가 적절하다면 어떤 것을 선택하든 다 괜찮습니다.

직접 음원을 따로 구매하는 방법도 있습니다. 아직은 아이들이 읽을 수 있는 책은 글이 많지 않은 편이지만 점차 책이 두꺼워지면 유튜브로 음원을 듣는 것도 한계가 있을 거예요. 이때 전문적으로 음원을 구매할 수 있는 오디오북 사이트를 활용하여 필요한 책의 음원을 내려받아 활용해도 좋습니다.

오더블 www.audible.com

오디오북스 www.audiobooks.com

구글플레이 오디오북

집중듣기를 위한 책을 고를 때는 아이의 수준보다 '조금' 높은 책을 고르는 것이 좋습니다. 너무 어려운 책은 당연히 아이의 흥미를 감소시키고 학습 의욕을 떨어뜨릴 수 있습니다. 반대로 너무 쉬운 책은 아이가 집중하기 어려울 수 있고요. 다 안다는 생각에 건성으로 보게 되거든요. 가장 좋은 것은 아이가 도전했을 때 해낼 수 있는 수준입니다. 현재 수준에서 여러 번 반복했을 때 읽는 것이 가능해질 수 있는 수준으로요.

하지만 집중듣기는 영어를 처음 시작하는 아이들에게 쉬운 활동이 아니다 보니 아직 영어책에 재미를 느끼지 못한 아이들은 거부감을 보이기도 합니다. 또, 수많은 영어 리더스북을 아이의 취향과 수준에 맞게 갖추고 책에 따라 음원을 준비해서 들려주는 것은 부모님의 적극적인 노력이 필요한 일입니다. 준비가 어렵다면 리틀팍스(Little Fox)와 같은 온라인 영어도서관을 일정 기간 활용하는 것도 좋습니다. 온라인 영어도서관은 영어 그림책을 영상화하여 보여주기 때문에 생동감 있게 책을 읽을 수 있다는 장점이 있어요. 또, 집중듣기용 음원을 준비하는 수고로움을 덜 수 있고, 음원에서 지금 읽고 있는 내용은 색이 다르게 표시되어 흐름을 놓치지 않고 문자를 인식하기에도 좋습니다. 아이의 이해 정도에 따라 속도를 조절해서 들을 수 있는 것도 큰 장점이지요. 온라인 영어도서관 중에는 책 읽기 자체에 중점을 두는 곳도 있고 읽은 내용을 복습하는 데 중점을 두는 곳도 있습니다. 엄마와 아이가 추구하는 방향에 따라 선택하되, 우선 아이가 푹 빠져서 볼 만한 콘텐츠가 있는 곳으로 선택한 다음 일정 기간 꾸준히 활용하는 것이 좋습니다.

집중듣기에 어떤 콘텐츠를 활용할 것인지는 아이의 성향에 맞게 결정하면 됩니다. 책으로 집중듣기를 하는 것이 가장 이상적이지만 영어 학습 초기, 또는 반복을 싫어하고 항상 새로운 내용을 찾는 아이라면 온라인 영어도서관을 활용하는 것도 좋습니다. 다만 장기적으로 봤을 때 책에 익숙해지는 과정은 필요하므로 온라인 영어도서관을 활용하더라도 읽기 활동에 익숙해지면 종이책 읽기로 비중을 조금씩 옮기는 것이 좋습니다.

03_집중듣기 플랫폼 선택하기

① 리틀팍스(Little Fox)

영어 동화를 애니메이션 위주로 제공하는 영어도서관 서비스로. 엄마표 영어 분야에서 이미 많이 알려져 있고 또 그만큼 효과도 좋은 편이에요. 총 9단계로 구성되어 있고 현재 약 4천 편이 넘는 동화가 제공되고 있습니다. 다양한 명작동화와 창작동화가 포함되어 있어요.

다른 영어도서관과의 차이점은 우리가 흔히 알고 있는 영어원서를 그대로 애니메이션으로 만든 게 아니라 피노키오나 서유기 등 잘 알려진 이야기를 모두 새롭게 창작하여 애니메이션으로 만들었다는 거예요.

자막을 선택하면 애니메이션 동화가 재생되는 동안 자막도 함께 볼 수 있어요. 음원에 맞춰 지금 이야기하고 있는 대사는 다른 색의 하이라이트로 표시되기 때문에 문자를 인식하면서 보기 좋아요. 좀 더 종이책과 비슷한 형식으로 읽기 연습을 하고 싶으면 eBook을 활용할 수도 있습니다.

리틀팍스의 또 한 가지 장점은 모든 동화의 프린터블북(printable book)을 PDF 파일로 제공하고 있어서 종이로 출력하여 책처럼 활용할 수 있다는 거예요. 애니메이션이나 eBook

을 본 후에 출력한 책을 다시 한번 읽으면서 읽기 능력을 향상할 수 있습니다. 또한, 동화마다 퀴즈나 어휘게임, 단어장 등의 학습자료를 제공하여 읽은 이야기의 내용과 단어를 확인할 수 있도록 하고 있습니다. 이렇게 활용 가능한 학습자료가 많은 것이 국내 영어도서관 서비스의 대표적 특징이라고 할 수 있어요.

현재 회원 가입 없이 일부 콘텐츠를 무료로 체험할 수 있으니 충분히 살펴보고 결정하세요. 한 달에 25,000원이지만 장기 결제 할인을 받으면 1년에 18만 원 정도의 비용으로 이용할 수 있어요. 아이가 애니메이션 동화를 집중해서 잘 본다면 리틀팍스를 일정 기간 결제하여 활용하는 것도 영어 실력을 쌓는 데 큰 도움이 될 거예요.

② epic!

미국에서 만든 영어도서관 프로그램이에요. 국내 일부 초등학교에서 리틀팍스를 활용하는 것처럼 실제로 미국의 초등학교에서 사용되고 있습니다. 12세 이하 아이들을 위해 만들어졌기 때문에 초등과정의 아이들이 활용하기에 좋아요. 현재 약 4만여 권 이상의 책을 서비스하고 있고 기본적으로 eBook 형태의 책과 오디오북, 아이들을 위한 동영상이 포함되어 있습니다. 이야기의 음원에 맞춰 하이라이트가 표시되고 음원의 속도도 조절하며 들을 수 있어요. 또 동화뿐만 아니라 동물, 스포츠, 모험 등 다양한 주제에 관한 학습/정보 영상을 제공하고 있으니 아이가 유튜브 등에서 영상에 무분별하게 노출되는 것이 싫다면 epic!을 통해 안전하게 영상을 보게 할 수 있습니다.

리틀팍스와 가장 큰 차이점은 epic!은 영어원서를 그대로 eBook으로 만들었기 때문에 원서의 그림체가 그대로 살아있다는 점이에요. 그리고 애니메이션이 아닌 eBook 형식으로 서비스가 제공되기 때문에 좀 더 종이책과 가까운 형식으로 이야기를 읽을 수 있어요. 국내 영어도서관과는 다르게 학습적인 면은 그다지 강조하지 않는 것도 차이점이라고 할 수 있습니다.

현재 한 달에 9.99$에 이용할 수 있고 1년 결제 시 33% 할인받을 수 있어요. 하루 1권 무료 체험이 가능하니 우선 어떤 책이 있는지 아이와 함께 살펴보고 결정하세요.

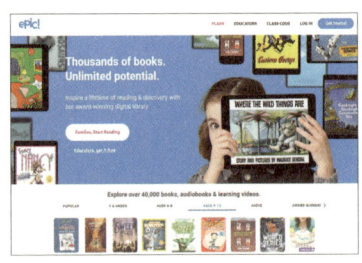

③ 라즈키즈(Raz-Kids) 코리아

라즈키즈는 미국 학교에서도 사용되고 있는 프로그램이에요. 그것을 라즈키즈 코리아에서 좀 더 편리하게 이용할 수 있도록 만들어 서비스하고 있어요. 다른 영어도서관처럼 음원과 함께 eBook을 볼 수 있고 읽는 부분은 하이라이트 표시를 통해 더욱 명확히 인식할 수 있어요.

한 가지 다른 특징이라면 녹음 기능을 통해 '읽기'를 할 수 있다는 거예요. 그래서 집중듣기뿐만 아니라 소리 내어 읽기 연습에서도 유용하게 활용할 수 있어요. 특히 이제 파닉스를 학습하고 스스로 읽기 시작하는 아이들이 보고 활용하기에 좋아요. 다만 읽기 연습의 측면이 강하다 보니 순수 문학작품에서 느낄 수 있는 재미는 다소 부족한 편이에요.

현재 약 3천여 권의 원서를 볼 수 있고 단계가 29단계로 매우 세분되어 있어요. 유아부터 고등학생까지 대상으로 하므로 성인도 이용할 수 있고 다른 영어도서관 프로그램보다 비문학 영역 책도 많은 편이에요. '듣기-읽기

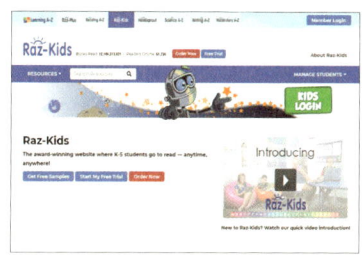

(녹음)-퀴즈'의 순서로 책 읽기가 진행되어 학습적인 측면이 강하니 단독으로 활용하기보다는 다른 영어 인풋 쌓기 방법과 함께 사용하는 것을 추천합니다.

이용료는 1년에 33,000원으로 영어도서관 프로그램 중 가장 저렴해요. 홈페이지를 통해 무료 체험도 신청할 수 있으니 어떤 방식으로 운영이 되는지 먼저 살펴보고 결정하세요.

④ ORT 퓨처팩

앞서 리더스북에서 소개한 ORT를 eBook으로도 활용할 수 있어요. 리딩앤(READING&)에서 '퓨처팩'이라는 이름으로 유료 eBook 프로그램을 제공하고 있거든요. 비싸긴 하지만 ORT 자체가 워낙 내용이 탄탄하고 아이들이 좋아할 만한 이야기로 구성되어 있어 종이책이든 퓨처팩이든 아이가 잘 봐주기만 한다면 정말 큰 효과를 얻을 수 있어요.

ORT 퓨처팩은 종이책 전권을 그대로 전자책으로 옮겨놓았다고 생각하면 됩니다. 거기에 읽어주기나 녹음, 음원 속도 등 디지털 기기에서 활용 가능한 다양한 부가기능이 추가되었어요. 애니메이션처럼 그림이 움직이는 효과는 없는 대신 종이로 책을 넘기듯이 화면을 넘기면서 볼 수 있어요. 문장을 클릭하면 소리로 들을 수 있고 '읽어주기'를 클릭하면 전체 내용을 들을 수 있게 되어 있어요. ORT가 영국에서 만들어진 만큼 영국식 발음과 미국식 발음을 선택해서 들을 수도 있답니다.

 전체적으로 각 권을 5단계로 나눠 읽을 수 있도록 구성되어 있는데 '단어 확인-본문 듣기-읽기-따라 읽기(녹음)-퀴즈(스펠링 확인)' 순이어서 학습적인 면도 포함되어 있어요. 가입 후 2주 동안 일부 책으로 무료 체험이 가능하니 직접 살펴보고 결정하면 좋을 거예요.

텍스트 없이 듣기(흘려듣기) 1시간

흘려듣기는 텍스트 없이 영상을 보며 영어를 듣는 활동입니다. 영상을 통해 전체적인 상황을 파악하며 소리를 듣는 것이죠. '영어 영상보기'라고 표현할 수 있습니다.

흘려듣기는 영상의 도움을 받을 수 있어 영어 표현을 좀 더 쉽게 이해할 수 있어요. 그리고 해당 표현이 사용되는 상황을 보며 자연스럽게 영어를 익힐 수 있다는 것도 장점입니다. 이건 책 읽기를 시작할 때 그림책을 보는 것과 비슷합니다. 그림의 도움을 받으며 내용을 이해하듯이 영상의 도움을 받아 내용을 이해하는 것이지요.

모두가 알다시피 언어 습득 과정에 있어 그 언어에 대한 지속적인 노출이 매우 중요합니다. 그러나 우리 아이들은 공교육을 통해서든 사교육을 통해서든 영어에 노출되는 절대량이 부족할 수밖에 없어요. 이런 조건에서 흘려듣기는 한국에서 영어를 배우는 데 있어 아이들에게 영어를 장시간 노출할 수 있는 가장 효과적인 방법이에요.

앞서 설명한 책 읽기나 집중듣기를 통해서도 영어에 노출할 수 있지만 두 가지 모두 아이의 집중력이 필요한 활동이에요. 하루에 일정 시간 이상을 하기는 쉽지 않지요. 그에 비해 흘려듣기는 비교적 쉬우면서도 오랫동안 아이를 영어에 노출할 수 있다는 장점이 있습니다. '무조건 많이 듣기'를 집에서 실천할 수 있는 가장 효과적인 방법인 셈이죠. 물론 영상 속의 모든 영어를 다 이해할 수 있는 것은 아니지만 그만큼 다양한 경로로 영어를 접하고 이해할 수 있게 됩니다.

01_흘려듣기의 효과

흘려듣기는 일종의 '하향식 듣기'로 영어의 세부적인 형태에 초점을 두는 집중듣기와는 달리 배경 지식을 활용해서 내용을 이해해 나갑니다. 의사소통 상황에서 상대방의 말을 듣고 이해하는 것이 하향식 듣기의 대표적인 예인데, 우리 아이들이 직접 외국에 나가 영어권 문화를 체험하고 영어로 대화를 나누는 기회를 얻긴 쉽지 않지요.

게다가 실제 듣기 상황은 교재처럼 딱 맞게 떨어지지 않아요. 의사소통에서는 대화 상대의 감정과 태도와 같은 '정서적 정보(affective information)'가 중요한 부분을 차지해요. 정서적 정보와 신체 언어는 문화에 따라 차이가 있으므로 간접적으로나마 이에 대한 경험이 필요합니다. 흘려듣기는 이러한 경험을 충족해줍니다. 영상 속 영어 사용 상황을 보며 대화의 화제와 주제 등을 파악할 수 있고 간접적으로나마 원어민의 발음, 몸짓, 영어 표현이 사용되는 문맥 등을 바탕으로 영어를 받아들일 수 있으니까요.

02_흘려듣기 방법

흘려듣기를 시작하기 전의 선결 과제는 영어 영상을 보는 것에 익숙해지는 것입니다. 아이들은 대체로 영상을 좋아합니다. 하지만 잘 이해되지 않는 영어 영상을 매일 한 시간 이상 보는 것은 영상을 좋아하는 것과는 또 다른 문제죠. 처음에는 흥미롭게 TV 앞에 앉았다가도 금방 지루해하거나 집중을 못 할 수 있어요. 외국어로 영상을 보는 건 어른에게도 쉽지 않은 일이니까요.

그러니 아이가 힘들어할 수 있다는 것을 충분히 이해해주세요. 흘려듣기가 아이에게 습관으로 자리잡힐 때까지는 옆에서 아이와 함께 영상을 봐주시는 게 좋아요. 아이는 이제 학습이 가능한 나이가 되었고 하기 싫어도 해야 하는 것이 있다는 걸 알게 되었을 거예요. 하지만 여전히 '강요'만으로 학습 동기를 부여하고 아이의 영어를 지속하기에는 한계가 있어요. 아이들은 자신이 좋아하는 사람이 하는 것에 관심이 많고 호감을 느낍니다. 그러니 엄마·아빠가 먼저 영어 영상에 관심을 가지고 봐주세요. 아이에게 영상을 틀어주고 부모님은 자신의 볼일을 보는 것이 아니라 아이와 함께 영상에 관해 이야기도 하고 질문도 하면서 관심을 가지는 모습을 보여주면 아이도 더 궁금해하며 영상을 볼 수 있을 거예요. 아이가 잘 따르는 형제자매가 있다면 함께 보는 것도 좋은 방법이고요.

참고로 영어 영상을 보며 자막을 켜달라고 하는 아이들이 종종 있는데 흘려듣기를 할 때는 자막 없이 보는 것이 가장 좋습니다. 자막을 켜고 보게 되면 자막을 보는 데 신경이 집중돼 듣기로 인풋이 쌓이기 힘들어요. 정 자막 없이는 안 보겠다고 버틴다면 단기간 영어 자막을 활용할 수는 있습니다. 하지만 영어 자막으로 보는 것은 흘려듣기보다 집중듣기의 활동에 가까워요. 영상에는 아이가 소리와 문자를 매치하여 바로 이해하기에는 어려운 구조의 문장이 많아서 영어 자막을 켜고 보게 되면 인풋으로 쌓이는 것이 얼마 되지 않아요. 따라서 가능하면 처음부터 자막 없이 보는 것에 익숙해질 수 있도록 하는 것이 가장 좋습니다.

아이의 관심을 끌어모아 흘려듣기를 시작했다면 그것을 지속할 수 있는 엉덩이 힘을 길러야 합니다. 매일 꾸준히 일정 시간 흘려듣기를 하며 아이가 점차 영어 영상에 익숙해지도록 해주세요. 그 과정에서 아이에게 조금씩 영어가 들리기 시작할 거예요. 무의미한 소리를 기억하는 것이 아니라 영상을 보고 상황에 맞는 표현을 익힐 수 있게 됩니다. 그렇게 점차 알아듣는 말이 많아지면 아이는 영상의 재미를 깨닫게 될 거예요. 자신의 수준에 맞는 영상을 더 찾게 되고요. 1년이라는 시간 동안 흘려듣기의 습관을 잡고 그 속에서 아이가 재미를 찾는다면 소기의 목적을 달성한 것이라고 할 수 있어요.

우리는 지금 하나의 활동만 하는 것이 아닙니다. 집중듣기와 책 읽기를 동시에 집중적으로 진행하고 있으므로 여러 가지 경로를 통해 영어 인풋을 동시다발적으로 쌓을 수 있어요. 책에서 본 내용이 영상에서 들릴 수도 있고 집중듣기를 하며 본 단어가 영상에서 나올 수도 있지요. 이렇게 영어 인풋이 쌓이고 수준이 향상될수록 여러 활동을 좀 더 수월하게 진행할 수 있습니다. 그때까지는 매일 계획한 내용을 꾸준히 실천하는 데 초점을 맞춰주세요. 영어 영상보기가 당연한 일과 중 하나가 되도록요. 그럼 어느 순간 흘려듣기가 아이에게 휴식의 시간이자 영어 인풋을 쌓을 수 있는 유익한 시간으로 자리 잡을 수 있을 거예요.

03_ 어떤 영상을 보여줘야 할까?

흘려듣기의 효과를 극대화하기 위해서는 아이가 충분히 '이해 가능한 수준'의 영상을 보게 해야 합니다. 이는 언어학자인 크라센을 비롯한 많은 학자가 주장한 내용이기도 합니다. 현재 자신의 외국어 수준보다는 다소 높은 편이지만 '이해 가능한 입력(comprehensible input)'을 쌓도록 해야 한다는 것이죠. 그러니 언어의 수준과 영상의 수준을 모두 고려해야 합니다. 언어 수준을 최대한 맞추되 아이에게 다소 어려운 언어 수준일지라도 영상을 통해 흐름이 충분히 이해되는 내용이라면 고려해볼 만합니다.

그런데 이제 막 영어를 시작한 아이라면 영어 수준과 영상 수준을 맞추는 것이 매우 어려운 일입니다. 아이의 영어 수준에 맞추자니 유아들이 좋아할 만한 영상이고, 아이가 좋아할 만한 영상을 찾자니 아이가 이해할만한 영어 난이도가 아니니까요. 아이에게 맞는 흘려듣기 영상을 고르는 게 정말 쉽지 않은 일이 될 거예요. 이때는 일단 엄마가 고른 영상과 아이가 고른 영상을 순차적으로 보자고 타협하는 것이 좋아요.

다음에 소개하는 영상 중에 아이의 취향에 맞는 영상을 골라 책 읽기와 집중듣기를 병행하다 보면 어느 순간 흘려듣기가 편해지는 순간이 올 거예요. 흘려듣기를 위한 기본 방법은 2장의 준비 과정을 참고하세요.

흘려듣기 좋은 애니메이션

Dora the Explorer
coupang play DVD 애니메이션 / 모험 /24min

2000년 처음 방영된 이후로 2019년 시즌 8로 종영되기까지 전 세계적으로 많은 인기를 얻은 애니메이션이에요. 빨간 장화를 신은 원숭이와 보라색 배낭을 멘 호기심 많은 일곱 살 소녀 도라의 모험을 담고 있어요. 각 에피소드는 도라가 부츠(원숭이 캐릭터)와 함께 모험을 떠나며 맞닥뜨리게 되는 퀘스트를 해결해 나가는 이야기로 구성되어 있어요. 영상 중간중간에 아이들에게 질문을 던지는 장면이 나와서 아이들의 흥미를 유발하고 좀 더 집중해서 볼 수 있게 만들어주기도 해요.

도라는 라틴계 소녀이기 때문에 영상 속에서 스페인어도 접할 수 있어요. 영어 습득에 방해되지 않을까 걱정하는 분도 있지만 영미권 사람들도 상식으로 알고 있는 기본적인 스페인어 표현이니 함께 알아두면 좋아요.

인기 애니메이션인 만큼 정말 다양한 출판사에서 리더스북, 그림책 등을 출간했어요. 그중 국내에서 구하기 쉬운 리더스북은 애플리스외국어사에서 세이펜 버전으로 나온 리더스북으로 일부 단어를 그림과 함께 제시하고 있어요. 옥스퍼드 출판사에서 어린아이들의 읽기 연습을 위해 만든 'Reading Stars' 라인으로 나온 리더스북이나 Simon Spotlight 출판사에서 나온 그림책 등도 찾을 수 있습니다.

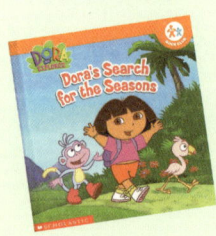 

 **Little Einsteins**
   애니메이션 / 모험 / 24min

bit.ly/3dylBMh

교육용으로 만들어진 영상으로 꼬마 주인공 4명이 모여 함께 로켓을 타고 세계 곳곳을 여행하며 임무를 수행하는 이야기예요. 주인공의 모험을 통해 명화나 클래식 음악 등을 자연스럽게 접할 수 있어서 정말 이상적인 교육 영상이 아닐 수 없어요. 영상의 마지막에는 항상 커튼콜을 통해 해당 에피소드에 나온 예술 작품과 클래식 음악을 다시 살펴보도록 구성되어 있습니다.

그동안은 DVD를 통해야 고화질의 영상을 볼 수 있었다면 이제는 디즈니플러스를 통해 좀 더 쉽게 영상을 만날 수 있게 되었어요. 화질이 조금 떨어지기는 하지만 유튜브에서도 풀 버전의 영상을 볼 수 있어요.

아이가 영상을 좋아한다면 책과 연계해서 보기 좋지만 국내에서는 책을 구하기가 쉽지 않은 편이에요. 대신 《리틀 아인슈타인 지식탐험대》라는 이름으로 우리말 전집이 나와 있어요. 영어 영상과 우리말 책을 함께 연계해서 보는 것도 아이의 흥미를 높이는 데 도움이 될 거예요.

 **Chloe's Closet**
 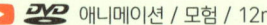 애니메이션 / 모험 / 12min

bit.ly/3lM79Vh

우리나라에서 '클로이의 요술옷장'으로 널리 알려진 영국의 인기 애니메이션이에요. 만 4세 소녀인 클로이가 주인공으로 요술 옷장 문을 열면 매 에피소드의 주제에 맞는 옷이 들어있고, 그 옷을 입고 친구들과 함께 모험을 떠나는 이야기예요. 발레리나, 카레이서, 기관사 등 정말 다양한 모습으로 변신하고 다양한 시대를 넘나들며 여행을 한답니다.

영국식 발음이지만 대사 속도가 빠르지 않아서 큰 어려움 없이 볼 수 있고, 화려한 색감에 영상 곳곳의 노래까지, 특히 여자아이들이 재미있게 볼만한 요소가 많이 담겨 있어요. 'Franny's Feet'을 좋아한 아이라면 특히 재미있어할 거예요. 두 영상의 난이도가 비슷하지만 'Franny's Feet'이 이 영상보다 흐름이 잔잔한 편이니 'Chloe's Closet' 보다 'Franny's Feet'을 먼저 보여주는 게 좋아요. 유튜브에서 풀 버전으로 영상을 볼 수 있고, DVD도 살 수 있어요.

 **PJ Masks**

  애니메이션 / 모험 / 12min

bit.ly/3rTMBho

낮에는 평범한 꼬마 주인공들이 밤에는 파자마 삼총사가 되어 악당을 물리치는 이야기예요. 남자아이 2명, 여자아이 1명으로 이루어진 이 팀은 도마뱀, 고양이, 올빼미 등 동물을 본뜬 각 캐릭터의 모습에 따라 특별한 능력을 가지고 있어요. 모두 아기자기하고 귀여운 느낌의 캐릭터들이에요. 노래도 신나고 아이들이 좋아하는 스토리로 구성되어 있어서 특히 히어로물을 좋아하는 남자아이들에게 인기가 많은 영상이랍니다.

PJ Masks에 푹 빠진 아이들에게 Ready-to-Read의 Level 1으로 나온 리더스북을 활용해서 읽기 연계 활동을 하면 좋아요. 워낙 인기가 많은 만큼 다양한 플랫폼에서 영상을 제공하고 있어서 쉽게 볼 수 있고 유튜브 공식 채널에서도 일부 영상을 볼 수 있어요. 현재 시즌5까지 나와 있으며 2023년에 시즌 6가 개봉될 예정입니다.

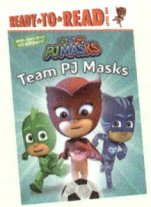 

Little Princess

▶ DVD 애니메이션 / 코믹 / 10min

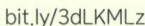
bit.ly/3dLKMLz

흔히 생각하는 우아한 모습이 아닌 누구보다 말괄량이 천방지축인 공주의 코믹한 일상을 그리고 있어요. 디즈니의 화려한 공주하고는 정말 다르지요. 그래서 공주 이야기를 좋아하는 여자아이뿐만 아니라 남자아이들도 좋아하는 영상이에요. 등장 인물들의 대사와 남자 성우의 내레이션 모두 강한 영국식 악센트가 살아있지만 대사 속도가 빠르지 않아 충분히 이해하며 볼 수 있을 거예요.

영상은 DVD나 유튜브를 통해서 볼 수 있어요. 유튜브에서 풀 버전 영상은 Illuminated Film 채널에서 제공하고 있고, 리틀 프린세스의 공식 유튜브 채널에는 그림책을 읽어주는 영상을 중심으로 볼 수 있어요. 인기 애니메이션인 만큼 그림책, 챕터북으로도 나와 있어 읽기와 연계해서 보기 좋아요. 특히 그림책은 큼지막한 사각형의 그림 아래 1~4줄 정도의 글로 구성되어 있어서 리더스북처럼 읽기 좋답니다. 《Horrid Henry》의 작가로도 유명한 Tony Ross 특유의 익살스러움과 코믹함이 살아있어요. 참고로 챕터북은 《The Not-So-Little Princess》라는 이름으로 리틀 프린세스가 좀 더 성장한 모습을 담고 있습니다.

Charlie and Lola

 애니메이션 / 일상 /12min

오빠 찰리와 여동생 롤라 두 남매의 일상 에피소드를 담고 있어요. 오빠가 아니라 마치 아빠(!) 같은 이해심으로 여동생을 잘 보살피는 일곱 살 소년 찰리와 귀엽고 사랑스러우면서 동시에 철없는 네 살 소녀 롤라가 주인공이에요. 2005년에 처음 방영된 이후 현재까지 여러 어린이 프로그램 상을 받았습니다. 영국식 발음이지만 아이들이 일상에서 쓰는 대화체 표현을 익히는 데 좋아요.

로렌 차일드(Lauren Child)의 인기 그림책을 바탕으로 만들어졌고 《찰리와 롤라》 시리즈는 국내에서 번역본으로도 유명하니 책과 영상을 연계해서 보기 좋아요. 특히 영상은 책의 이미지를 그대로 활용하여 콜라주 형식으로 만들어졌기 때문에 더욱 친근감 있게 볼 수 있어요. 영상의 첫 시작은 책이었지만 그렇게 나온 영상이 많은 인기를 얻으면서 영상의 에피소드가 다시 책으로 스핀오프(spin-off) 되어 나왔어요. 그래서 책의 시리즈는 모두 영상으로도 확인할 수 있답니다.

시리즈의 첫 책인 《I Will Not Ever Never Eat a Tomato(난 토마토 절대 안 먹어)》는 케이트그린어웨이 상을 받기도 했습니다.

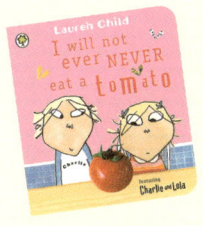

 **Octonauts**

 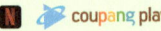 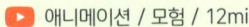 애니메이션 / 모험 / 12min

bit.ly/330hQNs

BBC의 어린이 채널인 CBeebies에서 제작한 애니메이션이에요. 바다탐험대 옥토넛이 바다를 탐험하며 위기에 빠진 바다 동물과 환경을 지키는 이야기입니다. 북금곰 캐릭터 선장을 중심으로 고양이, 펭귄, 해달 등으로 구성된 옥토넛 팀은 이 시기의 아이들이 좋아하는 '출동!'을 외치며 모험을 떠납니다. 자극적인 내용이 전혀 없고 굉장히 건전한 영상이라 아이들에게 안심하고 보여줄 수 있어요.

게다가 바다에 대한 지식을 자연스럽게 쌓을 수 있고 덤으로 환경 보호의 중요성도 깨달을 수 있어요. 실제로 '니모를 찾아서'에 참여했던 해양 생물학자가 제작에 참여했다고 합니다. 영국식 영어라 다소 익숙하지 않을 수 있지만 오히려 또렷하게 잘 들린다는 장점도 있으니 아이가 잘 보고 있다면 영국식, 미국식 영어를 굳이 구분해서 보여줄 필요는 없답니다.

워낙 인기가 많은 애니메이션이라 다양한 플랫폼에서 볼 수 있어요. 특히 쥬니어 네이버와 유튜브에서 무료로 볼 수 있으니 아이의 반응을 살피기에 좋을 거예요.

True and the Rainbow Kingdom

  애니메이션 / 마법, 모험 / 22min

사랑스러운 소녀 트루와 귀여운 고양이 바틀비가 소원 나무의 도움을 받아 무지개 왕국에 생긴 문제를 해결해 나가는 이야기예요. 동글동글 귀여운 그림체와 사랑스러운 캐릭터의 조합으로 여자아이들에게 정말 인기가 많은 애니메이션이에요. 2017년에 처음 방영된 이후로 현재 시즌 3까지 나왔어요. 워낙 인기가 많아 이 시리즈 외에도 다양한 시리즈와 스페셜 영상이 있어요. 그래서 트루 캐릭터를 좋아하는 아이에게 영상을 보는 흐름이 끊기지 않도록 계속해서 영상을 제공해 줄 수 있다는 큰 장점이 있답니다. 다만 대사가 길고 속도가 빠른 편이라 다른 영상을 통해 영어 영상보기에 충분히 익숙해진 뒤에 시도하는 것을 추천합니다.

공식 홈페이지(trueandtherainbowkingdom.com)에서 색칠놀이나 활동지 자료를 내려받을 수 있고, 해외 직구를 이용해야 하지만 그림책을 구할 수도 있습니다.

> 👍 그 외에 흘려듣기 좋은 프로그램

The Worst Witch
 실사 / 마법, 모험 / 30min

bit.ly/3pyjD41

우연히 마법 학교에 가게 된 소녀 밀드레드가 그곳에서 마녀가 되기 위한 교육을 받으며 여러 가지 모험을 하게 되는 이야기입니다. 소설을 원작으로 만들어진 TV 프로그램으로 유튜브에서 에피소드 일부를 볼 수 있어요.

Pup Academy
 실사 / 모험 / 24min

bit.ly/3due4hA

인간과 친구가 되는 법을 배우는 퍼피 아카데미에 새로 입학한 강아지들이 겪는 모험 이야기예요. 따뜻하고 사랑스러운 에피소드로 구성되어 있으며 강아지를 의인화시켜 매우 귀엽답니다. 유튜브 디즈니 채널에서 영상 몇 편을 볼 수 있어요.

The InBESTigators
 실사 / 추리, 코미디 / 14min

bit.ly/3DvZmRH

호주에서 만든 어린이 탐정 드라마로 서로 다른 성격을 가진 4명의 친구가 모여 학교와 이웃에서 일어나는 사건을 해결하며 우정을 쌓아가는 이야기예요. 초등학교 5학년 아이들이 주인공으로 유튜브 ABC Me 채널에서 영상 몇 편을 볼 수 있어요.

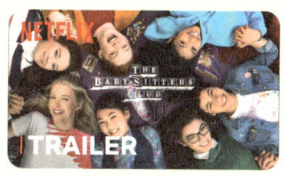

The Baby-Sitters Club

 실사 / 일상, 우정 / 28min

bit.ly/338pu8H

아르바이트를 위해 베이비시터 클럽을 만든 7학년 소녀들의 성장기를 다룬 이야기예요. 우정, 용기, 사랑 등 이 시기 여자아이들이 겪을 법한 이야기를 다루고 있어 초등 고학년 아이들이 보기에 좋아요. 유명 소설을 원작으로 하고 있어 나중에 책으로 읽기 좋답니다.

Ask the Storybots

 실사, 애니메이션 / 과학, 교육 / 25min

bit.ly/3qkbVe3

작은 로봇 다섯이 아이들이 보내온 질문의 답을 찾기 위해 인간 세상으로 모험을 떠나는 이야기예요. 왜 밤이 되면 어두워지는지, 왜 과자만 먹으면 안 되는지 등 아이들의 호기심이 담긴 질문의 답을 재미있게 찾고 있습니다. 인기에 힘입어 2021년에는 한국판으로도 제작되었답니다.

Emily's Wonder Lab

 실사 / 과학, 교육 / 12min

bit.ly/3JcvHko

MIT 엔지니어 출신의 에이미가 아이들과 함께 직접 실험을 하며 친절하고 재미있게 과학적 원리를 알려주는 프로그램이에요. 매 에피소드의 후반부에서는 집콕 시기에 아이들과 함께 집에서 따라 하기 좋은 실험도 소개하고 있습니다.

 **Draw So Cute**

bit.ly/3ouQRC9

하얀 배경에 귀여운 그림을 그리는 것을 영어로 설명해주는 채널이에요. 그림뿐만 아니라 봉투나 달력, 카드 등을 직접 만드는 것도 설명해주고 있어서 아이들이 재미있게 따라 할 수 있어요. 홈페이지(www.drawsocute.com)를 방문하면 다양한 활동지를 내려받을 수 있어요.

 **Brightly Storytime**

bit.ly/3xYYhkd

린다를 비롯한 여러 스토리텔러가 재미있게 그림책을 읽어주는 채널이에요. 매주 새로운 영상이 올라오기 때문에 업로드된 영상의 수가 많은 편이며, 재생목록이 세세하게 나뉘어 있어서 아이의 연령과 취향에 맞게 활용하기 좋습니다.

 **HiHo Kids**

bit.ly/3GkC2rL

단기간 내에 구독자 수가 폭발적으로 증가한 인기 유튜브 채널이에요. 아이들이 새로운 경험을 해보는 과정을 담고 있는데, 특이한 음식을 먹어보거나 게임을 하기도 하고 특별한 사람을 만나 이야기를 나누기도 해요. 또래 아이들을 중심으로 영상이 진행되기 때문에 더욱 재미있게 볼 수 있을 거예요.

 ### StoryTime at Awnie's House

bit.ly/328fcW7

스토리텔러 어니가 아이들을 위해 그림책을 읽어주는 유튜브 채널이에요. 아이가 충분히 그림을 살펴볼 수 있도록 영상이 구성되어 있고 또렷하고 실감 나는 목소리로 책을 읽어주고 있어요. 유명 그림책을 많이 소개하고 있답니다.

 ### Blippi-Educational Videos for Kids

bit.ly/318PL6g

유명한 어린이 교육용 유튜브 채널이에요. 호기심 많은 블리피 아저씨가 여러 가지 실험과 재미있는 놀이를 통해 궁금증을 해결해 나가는 에피소드로 구성되어 있어요. 워낙 인기가 많아 다양한 상품도 판매되고 있고, 쿠팡플레이에서도 볼 수 있어요.

 ### Art for Kids Hub

bit.ly/301QiGx

아빠가 선생님이 되어 아이들에게 그림 그리는 법을 알려주는 채널로 그림을 좋아하는 아이들에게 추천합니다. 영상을 보면서 직접 그림을 따라 그리기 좋아요. 음식, 탈것과 같은 사물부터 디즈니 캐릭터까지 정말 다양한 주제의 그림을 따라 그릴 수 있습니다.

Smile and Learn – English

bit.ly/3lu3vJF

3~12세 아이들을 위해 만들어진 교육용 채널이에요. 지리, 역사, 과학, 영어 등 정말 다양한 주제의 영상을 애니메이션으로 재미있게 볼 수 있어요. 교육 전문가들이 콘텐츠 기획에 참여하여 유익한 영상이 가득합니다.

SciShow Kids

bit.ly/3rHFatV

아이들이 "왜?"라고 궁금해하는 주제에 대해 재미있게 설명해주는 채널이에요. 곤충, 동물, 날씨 등에 대한 지식을 설명해주기도 하고 여러 가지 재미있는 실험을 통해서 과학적 원리를 알려주기도 합니다.

Free School

bit.ly/3Gi9bED

어린이의 눈높이에 맞춰 유명 예술, 클래식 음악, 어린이 문학, 자연과학 등에 대한 정보를 제공하고 있어요. 대체로 영상이 잔잔하고 내레이션 속도도 빠르지 않아 아이들에게 보여주기 좋아요.

Nat Geo Kids

bit.ly/3EvEc7C

내셔널지오그래픽에서 만든 어린이용 영상을 볼 수 있는 채널이에요. 곤충이나 동물, 자연, 과학 등의 다양한 주제가 있어 논픽션을 좋아하는 아이들에게 보여주기 좋아요. 최근에는 디즈니플러스에서도 내셔널지오그래픽을 볼 수 있답니다.

NASA Space Place

bit.ly/3y3jOYM

우주에 관한 지식을 애니메이션을 통해 직접 설명해주거나 재미있는 활동을 통해 보여주는 채널이에요. 초등 1학년 아이들을 대상으로 만들어졌으며 영상의 길이가 짧아서 부담 없이 볼 수 있습니다.

TED-Ed

bit.ly/3Gi20fy

전 세계적으로 유명한 강연회인 TED에서 제공하는 교육용 채널이에요. 영상의 길이는 대부분 5분 내외이며, 아이들이 보기 좋도록 애니메이션으로 구성되어 있어요. TED Ed의 홈페이지(ed.ted.com)를 방문하면 더 많은 영상을 볼 수 있답니다.

chapter 5

1년 후, 챕터북 읽기

챕터북 진입을 위한 얼리 챕터북

지난 1년간의 집중 과정을 통해 우리가 달성하고자 한 목표는 챕터북을 읽는 수준에 도달하는 것이었습니다. 챕터북은 말 그대로 이야기가 챕터로 구별된 책으로 엄마표 영어에 관심 없었던 분도 한 번쯤 들어보셨을 겁니다.

챕터북은 그전에 읽었던 리더스북이나 그림책보다는 훨씬 분량이 많아요. 글이 많아지고 그림은 줄었지요. 챕터북을 읽는다는 건 이제 정말 줄글을 읽는 것에 익숙해졌다는 의미이기도 해요. 챕터북을 순차적으로 읽어나가다 보면 자연스럽게 소설책으로 연결될 수 있거든요. 그래서인지 정말 많은 부모님이 언제쯤 아이가 챕터북을 읽을 수 있을지 궁금해합니다.

그런데 가장 기본은 리더스북이든 챕터북이든 아이가 이해 가능한 수준의 책을 충분히 읽도록 해주는 거예요. 준비 과정을 지나 본 과정을 거치면서 1년 가까이 매일 3시간씩 읽기와 듣기를 지속해왔다면 그동안 아이가 읽을 수 있는 책의 수준이 꽤 향상되었을 거예요. 자신의 수준에 맞는 그림책과 리더스북을 순차적으로 읽으며 리딩 레벨도 높아졌고요. 그럼 어느 순간 아이가 읽는 책의 수준이 '쉬운 챕터북'과 만나게 됩니다. 그때 조금씩 쉬운 챕터북, 즉 '얼리 챕터북'을 아이가 읽을 수 있도록 하면 됩니다. 그때까지는 아이가 수준에 맞는 책을 충분히 읽을 수 있도록 해주어야 합니다.

그럼 아이가 수준에 맞는 책을 순차적으로 읽을 수 있게 하려면 어떻게 해야 할까요? 아이가 자신의 수준에 맞는 책을 잘 읽고 있는지 확인하기 위해서는 '이독성(readability)'을 고려해야 해요. 이독성은 책을 읽고 이해할 수 있는 정도를 말하는데, 이독성에 영향을 미치는 주요 요인으로 '텍스트 수준, 독자, 지면(page)상의 특징', 이 세 가지를 꼽을 수 있어요.

그중 제일 많이 고려하는 게 바로 텍스트 수준입니다. 우리가 잘 알고 있는 리딩 레벨이 바로 텍스트 수준을 나타내는 대표적인 지수라고 할 수 있습니다. 단어의 수준이나 문장의 길이, 문법의 복잡성 등 기본적인 텍스트의 난이도를 따져보는 것이죠. 외국어로서 영어를 접하는 만큼 텍스트의 난이도가 아이의 영어 수준에 적합한지 확인하는 것이 기본 중의 기본입니다.

두 번째는 독자, 즉 책을 읽는 아이를 중심으로 살펴보는 거예요. 이건 앞에서도 여러 번 강조했던 아이의 관심사, 흥미를 포함한 개인적인 특성에 관한 것입니다. 특히 아이의 배경 지식이나 정신연령 등이 해당 책을 읽기에 적합한지 고려해야 합니다. 아동을 대상으로 한 책에는 독자의 연령층에 맞는 이야기가 담겨 있어요. 리더스북에는 주로 유아기부터 초등 저학년 아이들까지의 일상이, 얼리 챕터북과 챕터북에는 초등 3학년 이상의 아이들이 선호할만한 내용이 담겨 있죠. 우리 아이도 그 시기에 맞춰 책을 읽을 수 있다면 더할 나위 없이 좋을 거예요. 만약 차이가 난다면 최대한 비슷하게, 아이의 취향에 맞는 책을 제공해야 흥미롭게 책을 읽을 수 있겠지요.

세 번째는 지면(page)상의 특징으로, 책의 페이지에 나타나는 특징을 살펴보는 거예요. 그림의 여부나 글자의 크기, 줄 간격 등 책의 구성과 디자인 등도 이독성에 영향을 미친답니다. 예를 들어 그림책이나 리더스북과는 달리 챕터북은 그림 수가 확연히 줄어요. 그래서 그림만으로는 이야기를 파악하는 게 힘들지요. 따라서 챕터북을 읽으려면 텍스트를 읽고 충분히 이해할 수 있는 수준이 되어야 합니다. 또한, 줄 간격도 책의 수준에 따라 점차 좁아지므로 아이가 읽을 준비가 되지 않았다면 심리적으로 더 큰 부담을 느낄 수 있어요. 특히 챕터북으로 넘어가는 시기에 이런 차이가 두드러진답니다.

그래서 이때는 '얼리 챕터북(Early Chapters; 초기 챕터북)'을 활용하는 것이 효과적입니다. 얼리 챕터북은 위에서 언급한 이독성의 요인들이 챕터북보다 쉬운 편이에요. 비슷해 보여도 글자 수나 그림 수, 리딩 레벨 등에서 차이가 있지요. 챕터북은 보통 70쪽 전후의 분량으로 이루어져 있으므로 리더스북의 거의 2배에 해당합니다. 하지만 얼리 챕터북은 그 중간쯤에 있어요. 리딩 레벨도 마찬가지고요. 얼리 챕터북의 리딩 레벨은 평균 AR 2점대 수준이에요. 챕터북도 AR 2점대의 책이 있지만, 글자 수가 훨씬 많은 편이에요. 또 시리즈의 후반부로 갈수록 점점 더 수준이 올라가기 때문에 아이들이 느끼는 체감 난이도는 챕터북이 훨씬 더 높답니다.

물론 꼭 얼리 챕터북을 찾아서 읽어야 하는 건 아니에요. 가장 이상적인 것은 리더스북이든 그림책이든 얼리 챕터북이든 아이가 가리지 않고 좋아하는 책을 읽다 보니 어느 순간 챕터북도 읽게 되는 거예요. 그러기 위해서는 정말 '충분한' 읽기 경험이 쌓여야 합니다. 무엇보다 수준에 맞는 책을 통해 '이해 가능한 인풋(comprehensible input)'을 쌓는 게 바탕이 되어야 하죠. 어떤 단계의 책을 시리즈로 잘 읽어냈다고 해서 바로 다음 단계로 넘어가 버리면 아이는 벅찰 수 있어요. 그러니 반드시 비슷한 수준에서 여러 책을 많이 읽게 해주어야 해요. 그래야 이해 가능한 인풋을 여러 맥락에서 반복적으로 쌓을 수 있고, 아이에게 유의미한 입력으로 자리 잡을 수 있게 되지요.

이렇게 현재의 수준에 충분히 머무르면서 읽는 것을 '지평선 읽기'라고도 합니다. 위가 아니라 옆으로 넓혀가면서 책을 읽어나가는 거예요. 챕터북 진입에 성공하기 위해 무엇보다 중요한 조건이지만 잘 지켜지지 않기도 합니다. 많은 부모가 아이가 더듬더듬 책을 읽기 시작할 때부터 언제쯤 챕터북을 읽을 수 있을지 기다리니까요. 언제 챕터북을 읽기 시작할 것인지는 아이가 스스로 판단해야 할 문제예요. 하지만 상당수의 경우, 아직 준비되지 않았는데 챕터북을 시도해서 이 고비를 넘기지 못하고 좌절하게 되지요.

우리가 계획한 1년은 더 당겨질 수도 있고 더 길어질 수도 있어요. 아이마다, 상황마다 다른 게 당연하지요. 그러나 이 1년은 아이의 긴 영어 학습 과정에서 일부분에 불과해요. 영어 학습을 1~2년만 하고 마는 것이 아니잖아요. 다음 단계로 가는 것에 너무 몰두하다 보면 아이의 상황을 정확히 점검하지 못하고 놓칠 수 있어요. 조급함은 역효과만 일으킬 뿐이에요. 더 높이 올라가기 위해서는 지금 단계의 바탕을 더 넓게, 안정적으로 쌓아야 한다는 것을 명심하세요.

어떤 얼리 챕터북을 골라야 할까?

아이에 따라 좋아하는 장르의 책이 다를 수 있어요. 일반적으로 성별에 따라 선호 장르가 다른데, 남자아이들은 주로 모험, 판타지, 코믹, 과학 등의 장르를 좋아하는 편이고, 여자아이들은 친구, 성장, 일상 이야기를 선호하는 편이에요. 물론 이것 역시도 아이의 성향에 따라 다르지만요. 따라서 평소 아이의 관심사나 즐겨 읽는 우리말 책의 장르를 파악해두면 책을 고를 때 도움이 됩니다. 또한 보통 챕터북은 시리즈로 구성되어 있는데 시리즈물의 특성상 이야기가 전개되면서 주인공도 함께 성장하는 경우가 많으니 가능하면 순서대로 읽어나가는 게 좋아요.

대표적인 얼리 챕터북으로는 《Nate the Great》을 들 수 있어요. 네이트라는 소년이 탐정이 되어 일상의 작은 사건들을 해결해 나가는 이야기로, AR 2점대 수준의 책이에요. 이밖에도 챕터북을 읽기 전에 참고할 만한 재미있는 얼리 챕터북을 다음에 소개했으니 아이의 취향에 맞게 골라서 보여주세요. 얼리 챕터북을 통해 리더스북과 챕터북 사이에 징검다리를 놓아줄 수 있을 거예요.

> 👍 **추천 얼리 챕터북**

Nate the Great
Marjorie Weinman Sharmat (AR 2.0~3.1)

얼리 챕터북으로 정말 유명한 책이에요. 자신을 위대한 탐정(Nate the Great)이라고 생각하는 소년 네이트가 자신의 강아지와 함께 주변의 사건을 해결해 나가는 이야기예요. 추리물이지만 대부분 일상에서 벌어지는 소소한 사건이고 문장 구조가 단순한 편이라 아이들이 어렵지 않게 읽을 수 있습니다.

1972년 출간된 첫 시리즈의 책《Nate the Great》을 시작으로 현재까지 총 29권의 책이 나와 있어요. 20권까지는 Marc Simont가 그림을 그렸지만 그 이후로는 다양한 일러스트레이터가 그림을 그렸어요. 그래도 네이트의 특징과 전체적인 그림 스타일은 비슷한 느낌으로 담겨 있답니다. 같은 작가가 쓴 여자아이 탐정이 주인공인《Olivia Sharp》도 있지만《Nate the Great》보다는 인기가 적은 편이에요.

Mercy Watson
Kate Dicamillo AR 2.6~3.2

귀여운 사고뭉치 돼지 머시와 머시를 기르는 왓슨 부부의 일상을 담은 시리즈예요. 대부분 AR 2점대 후반의 책으로 구성되어 있고 다른 책들에 비해서 색감이 화려하고 글씨가 큼직한 편이라 아이들이 부담 없이 읽을 수 있어요. 총 6권이 나와 있는데 그중 두 번째 책은 가이젤 상을 받은 작품이기도 해요.

이 책의 작가인 케이트 디카밀로는 뉴베리 상을 두 번이나 수상한 유명한 작가이기도 해요. 스토리 속에 웃음 포인트를 여기저기 담아두어서 아이들이 재미있게 읽을 수 있답니다. 여느 챕터북과 마찬가지로 이 책도 순서대로 읽는 것이 내용을 이해하는 데 도움이 될 거예요.

이 책에는 종종 생소한 단어가 나오기도 해요. 그러니 아이가 읽는 과정에서 어려움을 느끼지 않는지 점검하는 게 좋아요.

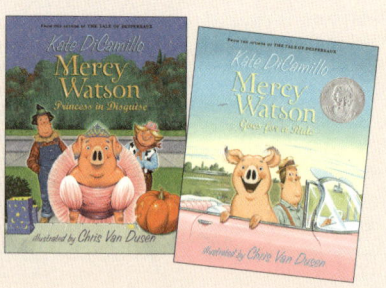

Ricky Ricotta's Mighty Robot

Dav Pilkey (AR 2.9~4.1)

《Dog Man(도그맨)》, 《Captain Underpants(캡틴 언더팬츠)》의 저자로 유명한 데이브 필키의 작품이에요. 작고 똑똑한 생쥐 캐릭터이자 친구가 없어 외로운 주인공 리코타가 마이티 로봇과 운명적으로 만나게 됩니다. 그리고 두 캐릭터가 둘도 없는 친구가 되어 지구에 쳐들어오는 악당을 무찌르는 이야기예요.

시리즈는 총 9권으로 구성되어 있고 권마다 각기 다른 행성에서 쳐들어온 악당을 물리치고 있어요. 다른 책보다 리딩 레벨이 낮은 편은 아니지만 큼지막한 그림에 글이 적어서 어렵지 않게 읽을 수 있어요(물론 뒤로 갈수록 글은 점점 많아지긴 합니다). 그리고 중간중간 만화 형식으로 구성된 페이지도 있고, 책장을 빨리 넘기면 애니메이션처럼 그림을 볼 수 있는 'Flip-O-Rama'도 수록되어 있어서 깨알 같은 재미를 더하고 있답니다. 'Flip-O-Rama'는 데이브 필키의 다른 책에서도 찾아 볼 수 있어요.

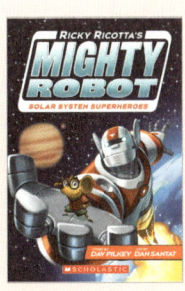

Owl Diaries
Rebecca Elliott (AR 2.7~3.2)

초등학생 소녀로 나오는 귀여운 부엉이 캐릭터 에바가 다이어리 형식으로 일상을 담아내고 있어요. 그림이 모두 컬러인 데다 그 나이 또래의 아이들이 겪는 친구, 우정, 학교생활 등에 대한 에피소드로 구성되어 있어서 아이들이 더욱 몰입해서 읽을 수 있는 책이에요. 게다가 일러스트도 너무 사랑스러워서 여자아이들이 특히 더 좋아하지요. 현재까지 총 16권의 책이 출간되었습니다.

Scholastic 출판사에서는 리더스북에서 챕터북으로 넘어가는 시기의 아이들을 위해 'Branches'라는 얼리 챕터북 라인을 만들었는데 이 책도 그 라인 중 하나로 출간되었답니다. 읽기 독립을 시작하는 아이들을 위해 만들어진 라인인 만큼 재미있는 스토리에 각 페이지마다 컬러 그림을 넣어 아이들이 좀 더 읽기에 자신감을 가질 수 있어요.

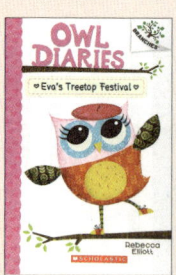
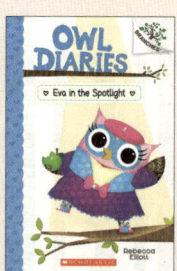

Press Start!
Thomas Flintham (AR 2.3~2.9)

AR 2점대의 얼리 챕터북이에요. 주인공 소년 써니가 게임을 시작하면 게임 속의 이야기가 시작됩니다. 게임 속 히어로인 슈퍼 래빗 보이가 게임의 새로운 퀘스트를 달성하며 악당을 물리치고 애니멀 타운을 지키는 이야기예요.

아기자기한 그림체 덕분에 게임을 좋아하는 남자아이뿐만 아니라 여자아이도 푹 빠져서 볼 수 있어요. 특히 책 읽기에 흥미를 잃은 아이들에게 보여주기에도 좋은 재미있는 책이에요.

이 책도 《Owl Diaries》와 마찬가지로 Scholastic의 얼리 챕터북 라인인 Branches 시리즈 중 하나로 출간되었어요. 이야기 속의 게임이 다소 레트로한 느낌을 주기도 하지만 Branches 라인의 특징답게 전면 풀컬러에 흥미진진한 이야기로 구성되어 있어서 챕터북에 진입하기 위한 준비를 충실히 할 수 있답니다. 현재 11권까지 출간되었습니다.

A Narwhal and Jelly Book
Ben Clanton (AR 2.4~2.8)

외뿔고래와 해파리가 함께 바다를 탐험하는 우정 이야기를 담은 얼리 챕터북 수준의 그래픽 노블이에요. 그래픽 노블은 만화와 비슷한 형식으로 구성되어 있지만 만화보다 주제가 좀 더 깊이 있고 글도 많은 편이에요. 아이가 영어책 읽기를 힘들어하거나 부담을 느낄 때 그래픽 노블을 활용해서 쉽게 책 읽기를 유도할 수 있어요. 또, 그림이 많아서 책 읽기에 부담이 적으면서도 내용은 결코 유치하지 않기 때문에 챕터북으로 넘어가는 시기에 보기 좋아요.

이 책은 너무나도 해맑은 성격의 외뿔고래와 진지한 캐릭터의 해파리가 만나 환상의 콤비를 이루고 있어요. 둘의 모습이 정말 사랑스러우면서 그 속에 잔잔한 웃음 포인트가 있답니다. 다만 본문 내용이 모두 대문자로 되어 있어서 가독성이 다소 떨어질 수 있어요. 책 속의 'Really Fun Facts'나 'Delicious Facts' 같은 코너를 통해 바다 생물에 관한 지식도 중간중간 전달해주고 있답니다.

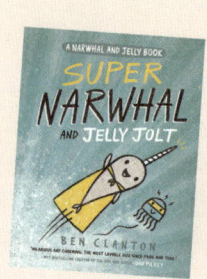

Princess in Black
Shannon Hale & Dean Hale (AR 3.0~3.5)

몬스터를 물리치기 위해 직접 히어로가 되어 싸우는 멋진 공주의 이야기예요. 주인공 매그놀리아는 평소에는 우아한 공주의 모습을 하고 있다가도 몬스터 알람이 울리면 검은 옷에 검은 마스크를 쓴 히어로로 변신합니다. 히어로물이지만 전혀 자극적이거나 폭력적이지 않아요. 각 에피소드에 나오는 몬스터 캐릭터도 전혀 어둡지 않고 매그놀리아가 몬스터와 대결하는 과정도 정말 귀엽게 그려져 있답니다.

부부가 함께 쓴 이 책은 작가의 딸이 자신의 옷을 보며 핑크, 보라, 노랑은 여자아이 색이지만 블랙은 아니라며, 공주는 블랙을 입지 않는다고 이야기한 것에서 아이디어를 얻었다고 해요.

공식 홈페이지(www.princessinblack.com)를 방문하면 작가 인터뷰나 시리즈에 대한 정보, 교사용 가이드를 볼 수 있어요. 또 책의 일부분도 볼 수 있게 되어 있어서 아이와 함께 영어 수준이나 그림체 등을 미리 살펴볼 수 있습니다. AR 3점대의 책이긴 하지만 전면 컬러에 큼지막한 글씨 덕분에 부담 없이 읽을 수 있는 책이에요.

정독에서 다독으로

정독과 다독은 흔히 대비되는 개념으로 사용합니다. 정독은 '정확하게 뜻을 새겨가며 읽는 것'을 말해요. 정확한 해석을 위해 집중해서 읽으므로 상대적으로 천천히, 그리고 꼼꼼히 읽게 됩니다. 이와는 달리 다독은 '의미를 파악하는 것'을 더 중요하게 생각해요. 말 그대로 많이 읽으며(多讀) 글의 내용에 집중해서 요점을 파악해 나갑니다. 책 읽기의 즐거움을 깨닫고 책을 닥치는 대로 읽어나가는 것이 다독의 대표적인 현상이라고 할 수 있어요. 정독과 다독은 서로 보완해주는 관계이기 때문에 아이의 읽기 과정에서 모두 필요한 활동이에요. 다만 아직 읽기를 배워나가는 단계에서는 먼저 정독의 습관을 잡은 후에 점차 다독으로 넘어가는 것이 좋습니다.

우선 정독은 '읽기를 배우는 단계(Learn to Read)'에서 필수예요. 정독을 통해서 읽기 습관을 기초부터 차근차근 바르게 잡을 수 있기 때문이지요.

텍스트를 세부적인 요소에서 전체적인 내용으로 순차적으로 이해해나가는 정독 습관이 잘 잡혀 있어야 다독에서도 정확하고 빠른 읽기를 할 수 있게 됩니다. 그러니 읽기 인풋을 쌓을 때는 다독보다 정독에 힘쓰다가 챕터북을 읽기 시작할 즈음에 점차 다독의 비중을 늘리면 됩니다.

정독 습관이 자리 잡히지 않은 채로 다독에 힘쓰게 되면 책을 '대충' 읽게 될 수 있어요. 아이가 책 읽기 자체는 즐기더라도 내용을 깊게 생각하지는 않는 거죠. 그럼 아무리 책을 많이 읽어도 읽기를 통한 영어 인풋 쌓기가 제대로 이뤄지지 않아요. 마치 모래 위에 성을 쌓는 것처럼요.

정독의 대표적인 방법의 하나가 바로 낭독이에요. 이 책의 준비 과정부터 본 과정까지 잘 따라왔다면 그동안 꾸준히 낭독을 해왔을 거예요. 낭독은 아이가 어느 정도 책을 잘 읽는다고 생각이 들어도 최소 1년 동안은 유지하는 게 좋아요. 그 시간 동안 읽기 메커니즘이 자리 잡을 수 있도록 말이죠. 꾸준히 낭독을 하다 보면 책을 정독하는 습관이 자동으로 생길 거예요.

읽기를 계속할수록 읽는 책의 수준이 높아지고 텍스트도 길어집니다. 점차 책 한 권을 모두 낭독하는 것이 힘들어질 수 있지요. 그럴 때는 책의 앞부분만 낭독하거나 좋아하는 일부분만 낭독하도록 적절히 조절해주세요.

정독을 실천하는 또 다른 방법은 반복해서 읽는 것입니다. 정독한다고 해서 단어와 표현을 하나하나 분석해가며 읽어야 하는 건 아니에요. 적절한 속도로 내용을 정확하게 파악하며 읽어나가면 되지요. 반복은 아이들이 책을 더 깊게 이해하도록 해줍니다. 책을 반복해서 읽을 때마다 더 많은 내용을 알 수 있게 되거든요. 반복해서 읽는 것이 읽기 속도나 단어 인지 능력, 그리고 글에 대한 이해력 향상에 도움이 된다는 것은 연구를 통해 이미 널리 알려진 사실이에요. 한 번에 모든 내용을 곱씹으며 읽는 것이 아니라 여러 번의 반복을 통해 다지는 것이 훨씬 더 효과적입니다.

지금은 얼마나 많이 읽었는지보다 얼마나 제대로 읽었는지가 더 중요해요. 흔히 이 시기의 아이들은 빠른 속도로 책을 읽으려고 하는 경우가 많아요. 낭독을 할 때도 마찬가지고요. 빨리 읽는 것이 잘 읽는 것이라고 착각하는 거예요. 그럴 때는 책을 읽을 때 '소리 내서 읽는 속도보다 그냥 읽는 속도가 빨라지는 것이 좋지 않다'라는 것을 알려줘야 해요. 특히 묵독을 할 때 무의미한 속독이 되지 않도록 신경 써줘야 한답니다.

속독은 지금 단계에서 가장 피해야 할 읽기 방법이에요. 정말 '숙련된 독서가'의 수준에 올라야지만 효과를 볼 수 있거든요. 지금은 읽기 습관을 잡아나가는 시기인 만큼 너무 빠르게 읽는 것은 좋지 않습니다. 초반에 정확한 읽기 틀을 만들어 두어야 나중에 필요에 따라 그 틀에 내용을 빠르게도 느리게도 담을 수 있어요. 스스로 완급을 조절하며 읽을 수 있게 되는 것이죠. 그저 빠르게만 읽다 보면 놓치는 부분이 많아 나중에 입시 영어를 공부할 때도 실수를 하는 경우가 잦아지니 속독은 주의해야 합니다. 손으로 짚어가면서 읽는 것도 적절한 속도를 유지하는 방법의 하나입니다.

우리가 해온 지난 1년의 과정에는 정독을 위한 낭독과 반복이 모두 포함되어 있어요. 이 과정이 끝나면 '읽기를 통해 배워나가는 단계(Read to Learn)'가 시작됩니다. 이 1년간 집중적인 몰입으로 만든 습관을 바탕으로 계속해서 영어 인풋을 쌓아야 해요. 다양한 읽기 영역으로 확장하면서요.

영어 실력이 향상될수록 아이는 영어책의 재미를 느끼게 되고 더 많은 책을 보고 싶어 하게 됩니다. 책 읽기의 즐거움을 알게 되었으니까요. 읽고 싶은 책을 마음껏 읽으며 그 속에서 즐거움을 느끼는 것이 다독의 가장 큰 특징입니다. 그래서 다독을 '자발적 읽기(Free Voluntary Reading)', '즐겁게 읽기(Pleasure Reading)'라고도 이야기합니다. 다독은 정독으로 책 읽는 습관이 자리 잡히고 영어 인풋도 일정 수준으로 쌓이게 되면 자연스럽게 이뤄질 수 있어요. 아이가 다독을 하게 되면 그때부터 영어 인풋이 폭발적으로 증가할 거예요. 즐겁게 책을 읽는 사이 자신도 모르는 사이에 영어 인풋이 마구 쌓이거든요. 그때까지는 정독의 습관을 다져주고, 점차 다독의 비중을 높여가며 다독 습관이 자리잡히도록 하면 됩니다.

추천 챕터북

Magic Tree House
Mary Pope Osborne (AR 2.9~3.7)

남매인 잭과 애니가 마법의 나무집으로 모험을 떠나는 이야기예요. 1992년 시리즈의 첫 책이 출간된 이후 현재까지 35권의 책이 나왔어요. 좀 더 높은 수준인 《Magic Tree House: Merlin Missions》와 이야기의 배경 지식을 소개해주는 논픽션 책 《Magic Tree House Fact Tracker》도 함께 읽기 좋아요.

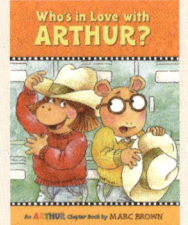

An Arthur Chapter Book
Marc Brown (AR 2.9~3.8)

앞서 그림책에서도 소개한 유명 캐릭터 아서가 챕터북으로도 있어요. 땅돼지 캐릭터인 초등학교 3학년 아서의 일상을 그리고 있어서 이 시기의 아이들이 더욱 재미있게 볼 수 있습니다. 아이의 영어 수준에 맞게 그림책부터 차근차근 활용하면 아이가 시리즈에 더 푹 빠져서 볼 수 있을 거예요.

Judy Moody
Megan Mcdonald (AR 3.0~3.8)

개성 있는 기분파 소녀 주디 무디가 주인공이에요. 주디를 비롯한 3학년 아이들의 소소하고 평범한 일상을 재미있게 그려내고 있습니다. 얼리 챕터북 버전인 《Judy Moody Friends》도 나와 있으며, 'Judy Moody and the Not Bumper Summer'라는 영화도 있어서 아이가 좋아한다면 함께 보기 좋아요.

A to Z Mysteries

Ron Roy (AR 3.2~4.0)

아홉 살 딩크, 조시, 루스가 사건을 추리해 나가는 이야기로 추리, 미스터리를 좋아하는 아이들에게 추천하는 책이에요. 알파벳 순서대로 A부터 Z까지 총 26권의 책이 출간되었고 후속작 《A to Z Mysteries Super Edition》, 스핀오프(spin-off) 시리즈 《Calendar Mysteries》 등도 출간되었습니다.

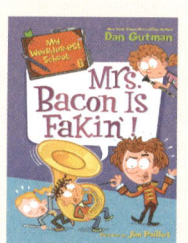

My Weird School

Dan Gutman (AR 3.5~4.4)

초등학교 2학년인 A.J.와 학교의 괴짜 선생님의 이야기를 담고 있어요. 아이들의 학교생활이 정말 재미있게 그려져 있답니다. 《My Weirder School》, 《My Weirdest School》 등의 후속작 외에도 'I Can Read!' 라인의 리더스북, 배경 지식을 담은 논픽션 책 《My Weird School Fast Facts》 등 여러 수준의 책이 출간되었습니다.

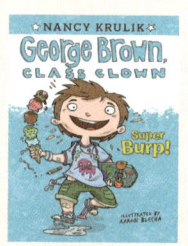

George Brown, Class Crown

Nancy Krulik (AR 3.2~3.9)

새로운 학교로 전학 간 조지가 겪는 학교생활, 일상생활을 매우 코믹하게 그려내고 있어요. 엉뚱하면서도 다소 지저분한 에피소드를 담고 있어서 개구쟁이 아이들이 주인공인 책을 좋아하는 아이가 읽기 좋아요. 현재 19권의 책이 시리즈로 출간되었습니다.

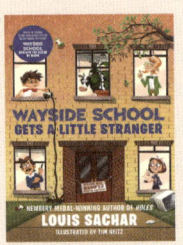

Wayside School
Louis Sachar (AR 3.3~3.9)

건축가가 설계도를 잘못 만들어 한 층에 하나의 교실이 있는 30층짜리 건물로 지어진 학교에서 벌어지는 이야기예요. 책 속의 캐릭터들이 다소 황당하고 엉뚱하며 각 챕터가 짧고 코믹한 에피소드로 구성되어 있어요. 유튜브 채널 'Keep It Weird'에서 Wayside School의 애니메이션을 볼 수 있답니다.

Junie B. Jones
Babara Park (AR 2.6~3.1)

엉뚱 발랄 귀여운 소녀 주니비의 코믹한 일상을 담고 있는 〈뉴욕타임스〉 베스트셀러예요. 주니비의 유치부부터 초등 시기까지의 이야기를 담고 있는데 스토리 전개와 함께 주인공이 성장하기 때문에 차례대로 보는 것이 좋아요. 1992년부터 2013년까지 총 28권의 책이 출간되었습니다.

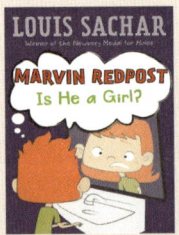

Marvin Redpost
Louis Sachar (AR 2.7~3.6)

엉뚱하고 기발한 상상을 하는 아홉 살 소년 마빈의 일상을 담고 있어요. 재미와 감동이 적절히 담겨 있어서 아이들이 즐겁게 읽을 수 있고 다른 챕터북보다 책의 두께가 얇은 편이라 부담 없이 읽을 수 있어요. 작가인 루이스 새커는 뉴베리 상을 받은 작가이며 《Wayside School》의 작가이기도 해요.

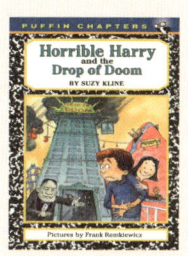

Horrible Harry
Suzy Kline (AR 2.8~3.9)

귀여운 장난꾸러기 소년 해리와 같은 3B반 친구들의 학교생활을 담고 있어요. 《Horrid Henry》와 제목이 비슷하지만 주인공 해리는 헨리만큼 사악한 악동은 아니랍니다. 교사 출신의 작가가 학교생활을 생생하게 담아내고 있어 아이들이 더욱 공감하면서 읽을 수 있습니다.

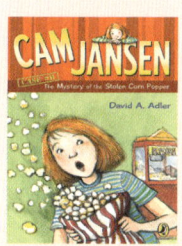

Cam Jansen
David A. Adler (AR 3.2~3.9)

5학년 소녀 제니퍼와 친구 에릭이 함께 사건을 해결해 나가는 추리물이에요. "Click" 소리와 함께 사진을 찍은 것처럼 정확하게 기억하는 능력 덕분에 '캠'이라는 별명이 붙었답니다. 펭귄 영 리더스 (Penguin Young Readers) 라인의 Level 3 리더스북인 《Young Cam Jansen》으로도 나와 있어 아이의 수준에 맞게 골라 읽을 수 있어요.

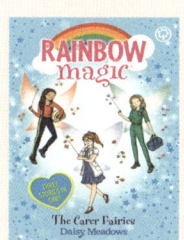

Rainbow Magic
Daisy Meadows (AR 3.3~5.4)

주인공 소녀 커스티와 레이첼이 요정들과 힘을 합쳐 악당을 물리치는 이야기예요. 표지부터 예쁜 요정이 그려져 있어 마법, 판타지를 좋아하는 아이들에게 추천하는 책이에요. 흑백의 챕터북과는 달리 컬러로 된 리더스북 버전도 출간되었으며, Scholastic 출판사 홈페이지에서 책의 일부를 볼 수 있습니다.

리딩 레벨 이해하기

리딩 레벨(Reading Level)은 책의 난이도를 나타내는 지수입니다. 엄마표 영어에 관심이 있는 분이 아니더라도 한 번쯤 들어보셨을 거예요. 리딩 레벨은 특히 아이가 리더스북으로 단계별 읽기를 시작할 때 아이의 수준에 맞는 책을 찾기 위해 많이 활용합니다.

리더스북에서 챕터북으로 넘어가는 과정은 아직 아이가 읽기를 배워가는 시기입니다. 이때는 아이의 관심사에 맞는 책을 찾는 것도 중요하지만 아이의 수준에 맞는 책을 고르는 것도 정말 중요하답니다. 그 단계에서 아이가 읽을 만한 책을 찾을 때 리딩 레벨을 참고하면 좋습니다.

국내에서 가장 많이 활용되는 리딩 레벨은 AR(ATOS) 지수와 렉사일(Lexile) 지수입니다. 두 가지 모두 온라인에서 무료로 쉽게 확인할 수 있습니다.

01_AR 지수

AR 지수는 미국의 6만여 학교에서 사용하는 독서 프로그램을 개발한 르네상스 러닝 사에서 만든 지수로 책의 단어, 문장 길이, 어휘 수 등을 분석해서 구분한 것입니다. AR 지수는 미국 교과과정에 맞춰 등급을 매기기 때문에 다른 지수보다 직관적으로 판단할 수 있다는 장점이 있어요. 예를 들어 AR 지수가 1점대라면 1학년 아이들이, 2점대라면 2학년 아이들이 보기에 적합한 책을 나타내죠. 소수점 첫째 자리까지 나타내는데 AR 지수가 2.5점이라면 2학년 5개월 차 되는 아이들이 읽기 좋은 수준의 책이라는 뜻입니다.

AR 지수는 AR 홈페이지(arbookfind.com)를 방문하면 회원 가입 없이도 쉽게 확인할 수 있답니다. 아래는 AR 홈페이지에서 미국의 유명한 그림책 작가 모리스 샌닥(Maurice Sendak)이 쓴 《Where the Wild Things Are》의 AR 지수를 검색한 화면입니다.

AR 지수를 확인하기 위해서는 바로 'BL(ATOS Book Level)'을 보면 됩니

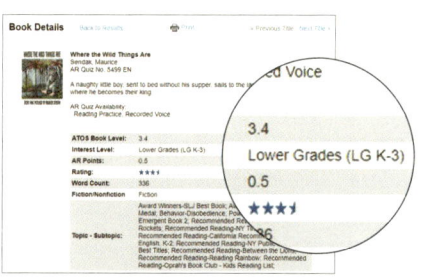

다. '3.4'라고 되어 있으니 미국의 3학년 4개월 차 되는 아이들이 읽기에 적합한 수준의 책이라는 뜻입니다. 한눈에 이해할 수 있지요.

여기에서 또 하나 참고하면 좋을 것은 바로 'IL(Interest Level)'입니다. IL은 책에 흥미를 느낄만한 아이들의 수준을 나타내는 지수입니다. 《Where the Wild Things Are》의 IL은 'LG'로 나와 있는데 이는 유치부부터 3학년 아이들까지 읽기에 적합한 수준의 책이라는 뜻입니다.

IL(Interest level)		
LG	Lower Grades	유치부~3학년
MG	Middle Grade	4~8학년
MG+	Upper Middle Grade	6학년 이상
UG	Upper Grade	9~12학년

AR 지수는 텍스트를 중심으로 분석하는 것이기 때문에 AR 지수가 비슷하더라도 IL이 다를 수 있습니다. AR 지수로 책을 고를 때는 텍스트의 난이도뿐만 아니라 책의 내용이 우리 아이 연령대의 아이들이 흥미를 느낄만한 수준인지를 고려해야 합니다. 따라서 BL 뿐만 아니라 IL을 고려하여 아이가 책의 내용을 이해할 수 있을 만큼 성장했는지도 함께 살펴봐 주세요.

참고로 'AR Pts(Ar Points)'는 르네상스사에서 제공하는 독서퀴즈 사용자가 받을 수 있는 포인트로, 책의 길이가 길고 난도가 높을수록 커집니다.

02_ 렉사일(Lexile) 지수

렉사일 지수는 책에 나온 문장의 길이, 단어 빈도 등을 분석해서 지수로 나타낸 것입니다. 미국의 교육 연구기업인 메타메트릭스(MetaMetrics) 사에서 개발한 것으로 미국의 국공립 교과서 등에는 렉사일 지수가 적혀 있는 경우가 많습니다.

렉사일 지수는 알파벳 두 자리로 된 렉사일 코드와 함께 숫자 뒤에 L을 붙여 표기합니다. 숫자가 클수록 읽기 수준이 높은데, 예를 들어 최소 190L

렉사일 지수 범위(출처:lexiletest.kr)	
학년	렉사일 지수 범위
유치부	없음
1학년	190L~530L
2학년	420L~650L
3학년	520L~820L
4학년	740L~940L
5학년	830L~1010L
6학년	925L~1070L
7학년	970L~1120L
8학년	1010L~1185L
9학년	1050L~1260L
10학년	1080L~1335L
11학년	1185L~1385L

이상의 렉사일 지수의 책을 읽을 수 있어야 미국 1학년 수준의 교과서를 읽고 이해하는 데 어려움이 없다는 뜻이에요.

참고로 국내 고3의 수능 영어 관련 교과목 및 수능 영어 지문의 렉사일 지수는 대략 1200L 전후예요(물론 수능 영어에는 지문에 따라 더 쉬운 문제와 어려운 문제도 일부 있습니다). 즉 한국과 미국의 학생들이 고3 때 이해해야 하는 읽기 지문의 수준이 비슷한 셈입니다. 한국 학생들이 미국 학생들에 비해 영어 노출이 현저히 부족한 것치고는 매우 어려운 편이지요. 영어책 읽기로 꾸준히 인풋을 쌓아줘야 하는 이유가 바로 여기에 있습니다.

렉사일 지수는 렉사일닷컴(lexile.com)에서 'Find a Book' 메뉴에 들어가면 확인할 수 있습니다. 아래 그림은 앞에서 AR 지수로 검색했을 때 BL '3.4', IL 'LG'로 나왔던 《Where the Wild Things Are》을 검색한 결과입

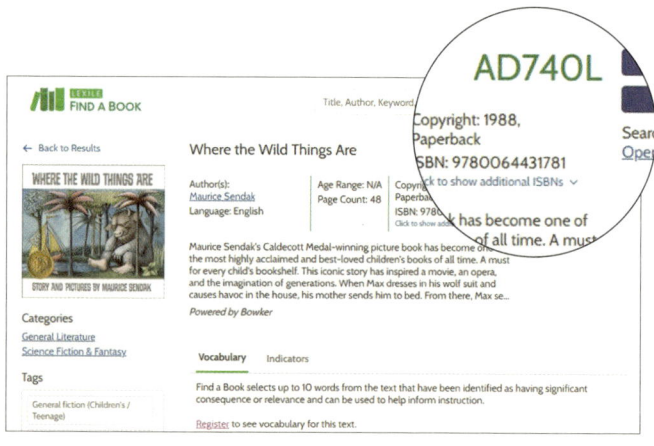

니다. 오른쪽 위에 'AD740L'이라고 표시된 것을 보아 이 책의 렉사일 지수는 740L입니다. 즉 미국 초등학교 4학년 수준이어야 읽고 이해할 수 있다는 뜻이지요.

렉사일 지수 앞에 나와 있는 알파벳 대문자 두 글자는 렉사일 코드입니다. 단순히 렉사일 지수로 텍스트의 난이도만 확인하는 것보다 렉사일 코드를 함께 살펴보는 것이 아이에게 적합한 책을 고르는 데 더 도움이 됩니다. 《Where the Wild Things Are》의 경우 어른의 지도가 필요한 책, 즉 어른이 아이에게 읽어주기에 적합한 책이라는 뜻입니다.

이 두 지수를 보았을 때 《Where the Wild Things Are》은 미국 초등학교 3~4학년 정도의 아이가 흥미롭게 읽을 수 있는 책이지만 어른이 아이에게 읽어주면 좋은 책이라고 판단할 수 있겠지요.

렉사일 코드(Lexile Code)		
AD	Adult Directed	어른이 아이에게 소리 내어 읽어주기에 적합한 책
BR	Beginning Reader	렉사일 지수 0L 이하의 초보 독자에게 적합한 책
GN	Graphic Novel	그래픽 노블이나 만화책
HL	High-Low	학년은 높지만 읽기 수준이 낮은 독자에게 적합한 책
IG	Illustrated Guide	참고 도서로 활용되는 논픽션 책 (백과사전이나 용어 해설집 등)
NC	Non-Conforming	읽기 수준이 높은 어린 독자에게 적합한 책
NP	Not-Prose	산문이 아닌 책(시집, 요리책, 가사집 등)

한 가지 유념해야 할 것은 우리 아이의 읽기 수준은 리딩 레벨로 정확하게 구분되지 않는다는 점입니다. 많은 분이 리딩 레벨을 아이의 성적표처럼 여기며 리딩 레벨을 높이려고 노력하지만, 아이들에게 책의 난이도만큼 중요한 건 흥미와 재미입니다. 아이들은 오늘 AR 3점대의 책을 읽다가도 내일 다시 1~2점대의 책을 읽기도 하고, 가끔은 평소보다 높은 수준의 책에 관심을 보이기도 합니다. 우리말 책을 읽을 때와 마찬가지입니다. 그러니 아이가 읽는 책의 AR 지수에 일희일비하기보다 아이의 현재 읽기 단계를 폭넓게 잡고 지금 수준에서 충분히 머무르며 책을 읽을 수 있도록 해주세요. 좋아하는 책을 즐기며 읽다 보면 어느 순간 아이의 리딩 레벨이 향상되어 있을 거예요.

미디어 리터러시 키우기

　지금까지 이 책을 읽다 보니 딜레마에 빠지는 부모님도 계실 거예요. 아이가 영상에 노출되는 것이 꺼려지는데, 정말 영어 하나 때문에 유튜브나 넷플릭스에 노출해도 되나 고민되시는 거죠. 그런데 아이가 커갈수록 완벽한 영상 차단은 현실적으로 불가능해요. 영상을 완벽하게 차단할 수 없다면 바르게 골라보는 방법을 가르쳐 주어야 해요. 무엇보다 지금은 영상을 통해 많은 정보를 얻을 수 있는 시대이니 아이가 스스로 영상을 활용하여 필요한 정보를 찾을 수 있도록 해주어야 합니다.

　'미디어 리터러시(Media Literacy)'에 대해 들어보셨나요? 미디어 리터러시는 미디어를 통해 다양한 지식과 정보를 이해하고 소통할 수 있는 능력을 말해요. 원래 리터러시는 언어를 바탕으로 지식을 획득하고 활용할 수 있는 능력을 의미했어요. 과거에는 많은 정보가 '문자'를 기반으로 하고 있었기 때문입니다. 하지만 지금 시대는 더는 문자로만 정보를 전달하고 획득하지 않아요. 문자 외에도 다양한 이미지나 영상 등의 매체를 통해 정보를 얻고 그것을 활용하지요. 그래서 리터러시의 범위도 다양한 매체로 확대되었어요. 그만큼 우리 아이들도 다양한 매체를 통해 지식을 접하고 그것을 바탕으로 소통하는 능력을 키워나가야 하는 시대입니다.

물론 리터러시의 기본은 언어이고 그중에서 가장 활용도가 높은 것은 영어입니다. 만약 아이가 지난 일 년 동안 부모님이 골라 보여준 영상으로 부단히 영어 인풋을 쌓아 왔다면 이제 영상을 통해 영어를 접하는 것에도 어느 정도 익숙해졌을 거예요. 우리는 이제 아이가 스스로 필요에 따라 영어 영상을 골라보고 활용할 수 있도록 도와주어야 합니다.

그동안 영어 습득을 위해 애니메이션 위주로 영상을 봐왔다면 이제는 점차 관심 있는 유튜브 크리에이터의 채널이나 해외 프로그램을 보게 해주셔도 괜찮아요. 유익하면서도 아이의 관심을 끄는 재미있는 영상이 정말 많으니까요. 영어 수준이 좀 더 향상되면 TED-Ed와 같은 강연 사이트를 통해 지식을 쌓을 수도 있어요. 물론 TED-Ed는 강연 주제에 따라 영어 수준 외에도 아이의 지적인 성장이 필요하기도 합니다. 어쨌든, 이제 우리는 아이가 영어 영상을 접하는 목적을 '영어 습득'에서 점차 영어를 통한 '지식 습득'

으로 바꿔 주어야 합니다.

이미 많은 아이가 우리말로 그렇게 하고 있을 거예요. 우리 아이들은 이제 궁금한 것을 책에서 찾아보는 세대가 아니니까요. 심지어 웹사이트의 정리된 글보다도 유튜브의 영상을 통해 정보를 얻는 게 더 익숙하고, 학교의 온라인 수업도 유튜브 영상을 활용하는 경우가 많지요. 그러니 이제 아이의 정보 습득 범위를 언어가 영어로 되어 있는 영상으로 확대해주세요.

구글이나 유튜브에서 영상을 검색할 때 'for kids'나 '1st grade', 'grade 2'처럼 학년을 넣어서 검색하면 좀 더 아이의 수준에 맞는 영상을 찾을 수 있다는 것도 알려주시고요. 예를 들어 그냥 'solar system(태양계)'을 검색하는 것보다 'solar system for kids'나 'solar system for grade 3'이라고 검색하는 것이 아이들을 위한 영상을 먼저 보여주기 때문에 더 편리하답니다.

하지만 여전히 아이가 미디어에 너무 과도하게 빠지는 것은 아닐까 걱정될 거예요. 특히 유튜브는 알고리즘을 통해 사용자가 관심을 가질만한 영상만 쏙쏙 골라 보여주기 때문에 자제하기가 쉽지 않아요. 어른도 한번 빠지면 몇 시간씩 손에서 스마트폰을 놓지 못하는데 아이는 얼마나 더 힘들겠어요? 그래서 디지털 시대를 살아가는 우리 아이들에게는 디지털 미디어 활용이 필수인 동시에 올바른 디지털 미디어 활용법을 익혀야 해요. 앞으로는 정보를 찾는 것이 어려운 것이 아니라 넘치는 정보 속에서 필요한 정보를 가려내는 능력이 필요해요. 코로나 19로 인해 미래 교육이 앞당겨진 요즘, 한 치 앞을 가늠하기 힘든 현재에 미래의 경쟁력을 준비하려면 올바른 디지털 매체 활용 능력을 갖춰야 합니다.

그럼 아이가 올바르게 미디어를 활용할 능력을 기르려면 어떻게 해야 할까요? 가장 기본적으로는 아이에게 '권한'을 주되 부모의 '지도'가 필요합니다. 우선 아이와 협의해서 우리 가정의 미디어 활용 규칙을 정하세요. 이때 아이의 의견도 충분히 반영해서 가족 구성원 모두가 받아들일 수 있는 내용으로 규칙을 정해야 합니다. 그리고 그 규칙 안에서는 아이가 여러 영상을 탐색하며 호기심을 충족할 수 있도록 권한을 주세요. 물론 권한을 주는 것은 아이를 버려두는 것과는 엄연히 달라요. 아이가 유튜브를 떠돌며 무의미한 시간을 보낸다면 부모의 개입이 필요합니다. 아이가 여러 영상에 끌려다니지 않고 주도적으로 필요한 영상을 찾아서 볼 수 있도록 옆에서 지도해주는 것이 부모의 역할입니다. 아이가 디지털 매체 활용에 독립하기 전까지 스스로 절제하며 주도적으로 영상을 보는 경험을 충분히 할 수 있어야 합니다. 그래야 올바른 습관이 자리 잡을 수 있습니다.

솔직히 말씀드려서 아이가 스마트기기나 미디어에 중독되었다면 그건 부모의 책임이 큽니다. 소아청소년정신과 전문의 오은영 박사는 아이의 미디어 중독에 대해 아이의 '정서 지능'과 관련이 있는 문제라고 언급하였어요. 정서 지능은 자신의 감정과 타인의 감정을 잘 인식해서 거기에 알맞게 사고와 행동을 하는 것을 말합니다. 정서 지능이 높은 아이는 충동을 스스로 억제하고 자신의 계획에 따라 행동을 실천할 수 있어요. 즉 미디어 활용이 너무 과하다고 여겨질 때 스스로 제어를 하거나 일종의 '눈치'를 보며 엄마·아빠의 감정을 헤아리지요. 만약 내 아이가 부모의 염려를 무시할 정도로 스마트기기에 빠진다면, 왜 그렇게 스마트기기에 푹 빠지는지 부모 자신을 돌아볼 필요가 있습니다. 어릴 때부터 부모의 편의를 위해 아이에게 쉽게 스마트폰을 건네주고 내버려 둔 건 아닌지, 바쁘다는 핑계로 아이의 일상과 감정을 무시했던 것은 아닌지 돌아보셔야 해요.

이와 관련하여 올바른 미디어 활용에 대해 북앤미디어교육연구소 최미정 대표는 미디어 다이어리를 작성하는 것을 추천하고 있어요. 하루 동안 이용한 미디어의 종류와 내용, 미디어에 대한 만족도 등을 구체적으로 기록하며 미디어 활용에 대한 일종의 일기를 쓰는 거예요. 이때 중요한 것은 그날 하루가 일상적이었는지 특별한 날이었는지도 함께 기록하는 것입니다. 아이의 감정이나 시간적 여유, 부모의 부재 등이 미디어 사용에 중요하게 작용할 수 있기 때문입니다. 아이뿐만 아니라 엄마·아빠도 함께 미디어 다이어리를 기록해 보세요. 미디어 다이어리 쓰기를 통해 우리 가족의 미디어 사용을 돌아볼 수 있고 그 속에서 개선해야 할 점을 함께 찾을 수 있을 거예요. 아이가 올바른 미디어 활용 습관을 지니고 미디어 리터러시를 키워나가는 것은 결국 가정의 건강한 미디어 사용 습관에 달려있습니다.

미디어 리터러시를 기를 때 도움이 되는 도구

타임 타이머(구글 타이머)

실제 이름보다 구글 타이머로 더 유명한 타이머예요. 구글에서 업무 때 활용한다고 해서 구글 타이머라는 이름으로 알려졌어요. 타이머로 설정한 시간을 빨간 면적으로 표시해 남은 시간을 직관적이고 가시적으로 확인할 수 있습니다. 타임 타이머는 낭독이나 집중듣기 등 정해진 시간 내에 어떤 활동을 할 때 좀 더 집중해서 할 수 있도록 도와줍니다. 그리고 시간을 낭비하지 않고 효율적으로 관리할 수 있게 해준답니다.

Family Link(앱)

구글에서 만든 아이의 스마트폰 관리 앱이에요. 지나친 스마트기기 사용이 걱정될 때 유용하게 활용할 수 있습니다. 주요 기능으로는 자녀의 활동 보기, 앱 관리하기, 위치 확인하기 등이 있습니다. 아이가 스마트폰을 사용할 수 있는 일일 한도를 설정할 수 있고, 취침 시간을 설정하면 그 시간에는 스마트폰을 사용할 수 없게 됩니다. 또 어떤 앱을 얼마나 이용했는지도 확인할 수 있습니다. 무조건 허용하거나 차단하는 것이 아니라 적절한 관리를 통해 올바르게 스마트기기를 사용하는 습관을 들일 수 있도록 도와줄 수 있습니다.

엑스키퍼

아이의 컴퓨터나 휴대폰 사용을 관리할 수 있는 유료 서비스예요. 일일 사용시간을 설정하여 아이가 약속한 시간만큼만 기기를 사용하게 할 수 있고, 특정 시간에 잠금을 설정하여 그 시간에는 어떤 일을 집중해서 하도록 할 수 있습니다. 또한 유해 콘텐츠와 특정 사이트나 프로그램을 차단할 수 있으므로 아이가 게임이나 SNS 등에 중독되어 있다면 좀 더 절제해서 사용할 수 있도록 도와줍니다. 유료 앱이니 먼저 15일 무료체험 후에 사용 여부를 결정하세요.

초등 고학년 : 어휘 학습과 논픽션 읽기

초등 3학년이 지나면 영어 습득에서 학습으로 방향이 전환되는 시기를 맞이하게 됩니다. 사실상 영어 학습의 진정한 시작은 이때부터라고 할 수 있습니다. 지금껏 쌓아온 영어 실력을 유지하려면 꾸준히 영어책과 영상을 접하며 인풋을 더해야 합니다. 단순한 리딩과 리스닝을 넘어서 영어 단어와 문법을 학습해야 하고, 다양한 논픽션으로 읽기 주제를 넓혀야 합니다.

여러 활동 중에서 초등 고학년을 맞이하는 시기에 가장 중요한 두 가지 영어 활동은 바로 '어휘 학습'과 '논픽션 읽기'입니다.

01_어휘력 늘리기

책 읽기를 꾸준히 진행하다 보면 어느 순간 아이의 리딩 레벨이 정체된다고 느껴질 때가 있습니다. 다음 레벨의 책 읽기로 넘어가지 못하고 내용 이해에 어려움을 겪는다면 그건 어휘력이 뒷받침되지 않았기 때문입니다. 어휘를 모르니 읽기 자체가 불가능해지는 것이죠.

사실 읽기뿐만 아니라 듣기, 말하기, 쓰기 등 모든 영역에서 어휘는 기본입니다. 독해와 문법 위주로 진행되는 내신이나 입시 영어, 토플과 같은 영어시험에서도 성적을 내려면 어휘 학습이 필수이지요.

아이는 앞서 사이트 워드를 익히며 어휘 학습을 시작했고 쉬운 리더스북으로 읽기의 폭을 넓혔습니다. 이렇게 읽기 수준이 향상되면 'Learn to Read'에서 'Read to Learn'으로 읽기의 방향을 전환해주어야 합니다. 이때 반드시 뒷받침되어야 하는 것이 '아카데믹 어휘(Academic Word)' 학습입니다. 아카데믹 어휘는 말 그대로 학문적인 어휘, 즉 교과 학습에 필요한 어휘입니다. 학문적인 내용을 이해할 수 있는 개념 어휘들을 포함하고 있으므로 수준 높은 텍스트를 이해하기 위해서는 반드시 익혀야 합니다.

어떤 어휘를 익히든 어휘 학습의 원칙은 같습니다. '매일 꾸준히 문맥과 함께 익히고 다시 복습하는 것', 이 원칙을 바탕으로 과하지 않게 어휘 학습을 진행하세요. 아이가 기억할 수 있는 양에는 한계가 있으니 한 번에 많이 외우려 하기보다는 매일 몇 개의 단어를 외우며 주기적인 복습을 하는 것이 효과적인 방법입니다.

초등과정 권장 기본 어휘는 800개이지만 대학 입시 시험에 쓰이는 영어 단어는 1만 개 수준이니, 적어도 중학교 때까지 어휘 수준을 4~5000개 정도로 늘리는 것이 좋습니다. 매일 2~3개씩 외워서 언제 다 외우냐고요? 그렇지 않습니다. 주중에만 외워도 충분합니다. 초3에 매일 2개씩 외우면 520개, 초4에 매일 3개씩 외우면 780개, 초등 5, 6학년 때 매일 5개씩 외우면 4000개입니다. 이렇게 매일 조금씩 외우는 것이 학원에 갈 때마다 하루에 20개, 50개씩 외우는 것보다 훨씬 효과적입니다.

어휘 학습 초반에는 책을 읽다가 모르는 단어의 뜻을 찾는 방법으로 시작하는 것이 좋습니다. 종이로 된 어린이용 영영사전도 좋지만, 발음을 함께 들을 수 있는 온라인 영영사전을 활용해보세요. 네이버 어학 사전이나 파파고, 'Oxford Learner's Dictionaries'나 'Macmillan Dictionary' 등 많은 출판사에서 무료로 온라인 영영사전을 제공하고 있으므로 발음과 예문을 쉽게 확인할 수 있습니다. 구글에서 단어의 이미지를 함께 검색해보는 것도 의미를 이해하고 기억하는 데 효과적입니다.

단어 학습에 익숙해지면 초등 고학년에서 중등 과정으로 넘어가는 시기부터는 단어장을 활용하는 것도 좋습니다. 단어장에 실린 기본 어휘는 큰 차이가 없으므로 시중에 정평이 나 있는 단어장 중 아이가 선호하는 것을 선택하면 됩니다. 다만 단어장을 활용할 때는 과도한 학습이 되지 않도록 항상 유의해야 합니다. 어떤 방법을 선택하든 조금씩 꾸준히 익히고 주기적으로 복습하는 것이 가장 효과적이란 것을 잊지 마세요.

02_논픽션 읽기

영어를 시작하는 시기에는 영어에 대한 흥미를 높이는 것이 무엇보다 중요하기 때문에 주로 픽션(fiction)을 활용하게 됩니다. 픽션은 작가의 상상력으로 지어낸 이야기를 담고 있으므로 그 흐름을 따라가는 과정에서 즐거움을 느낄 수 있지요. 하지만 우리가 영어를 익히는 것은 단순히 양질의 문학작품을 즐기기 위한 것만은 아닙니다. 영어라는 새로운 언어를 익히는 것의 주요 목적 중 하나는 바로 '정보 습득'입니다.

영어 학습자로서 논픽션을 읽는 것은 영어를 통한 정보 습득과 깊은 관계가 있습니다. 논픽션은 사실에 근거하여 쓴 글로 낯선 어휘가 많고 비판적으로 분석하며 읽어야 하므로 읽기 시작 단계에서는 어렵게 느껴질 수밖에 없습니다. 하지만 꼭 영어가 아니더라도 우리가 일상에서 접하는 모든 정보는 논픽션에 해당합니다. 논픽션을 읽고 이해하는 훈련이 되어 있지 않으면 새로운 정보를 접하고 받아들이는 데 한계가 있습니다. 앞서 이야기한 아카데믹 어휘 학습에도 반드시 논픽션 읽기가 필요합니다.

따라서 아이의 학년이 높아질수록 픽션에서 논픽션으로 읽기 비중을 옮겨야 합니다. 초등 고학년 때는 픽션과 논픽션의 비율을 50:50으로 시작하여 점차 논픽션의 비율을 높여야 합니다. 미국의 전국 교육성취도 평가(National Assessment of Educational Progress ; NAEP)에서도 논픽션의 비중을 4학년 때 50%, 8학년 때 55%, 12학년 때 70%를 목표로 하고 있어요. 우리나라 입시의 최종 관문인 수능 영어에서도 논픽션 비중이 절대적이지요.

그러니 아이가 논픽션 장르를 좋아하지 않더라도 고학년이 되면 책 읽기의 방향을 논픽션으로 전환해주어야 합니다. 논픽션 읽기는 의도적으로 하지 않으면 하기 어려우니까요.

논픽션 읽기에 좀 더 쉽게 진입하려면 아이의 리딩 레벨보다 한 단계 낮은 책을 선택하는 것이 좋습니다. 이제 챕터북에 진입하는 시기의 아이라면 논픽션 리더스북인 '내셔널지오그래픽 키즈(National Geographic Kids)' 1단계부터 보는 것을 추천합니다. 큼지막하고 컬러풀한 실사 사진과 함께 구성되어 있어 비교적 쉽게 논픽션에 접근할 수 있습니다. 또 다소 학습적인 면에 치우쳐있기는 하지만 어휘나 내용 점검에 유용한 논픽션 리딩 교재를 병행하는 것도 좋습니다. 논픽션 리딩 교재로는 《Subject Link》나 《Bricks Reading Nonfiction》이 대표적입니다. 이밖에도 'ORT'나 'Magic Tree House'처럼 유명 시리즈에 포함된 논픽션 책을 연계해서 읽거나 'Magic School Bus'처럼 픽션과 논픽션이 함께 어우러진 책도 논픽션 읽기를 재미있게 시작하는 데 도움이 됩니다.

초등과정 권장 기본 어휘 800개 (교육부, 2015)

A
a	adventure	air	also	apple
about	advise	airplane	always	area
above	afraid	airline	A.M./a.m.	arm
academy	after	airport	and	around
accent	afternoon	all	angel	arrive
accident	again	almost	anger	art
across	against	alone	animal	as
act	age	along	another	ask
add	ago	aloud	answer	at
address	agree	already	and	aunt
adult	ahead	alright	any	away

B
baby	battle	beside	book	bright
back	be	between	boot	bring
background	beach	bicycle	borrow	brother
bad	bean	big	boss	brown
bake	bear	bill	both	brush
balance	beauty	bird	bottle	bubble
ball	because	birth	bottom	bug
balloon	become	birthday	bowl	build
band	bed	bite	boy	burn
base	bedroom	black	brain	business
baseball	bee	block	brake	busy
basic	beef	blood	branch	but
basket	before	blue	brand	button
basketball	begin	board	brave	buy
bat	behind	boat	bread	by
bath	believe	body	break	
bathroom	bell	bomb	breakfast	
battery	below	bone	bridge	

C
cage	castle	city	cold	cool
calendar	cat	class	collect	copy
call	catch	classroom	college	corner
calm	certain	clean	color/colour	cost
can	chain	clear	come	cotton
candy	chair	clerk	comedy	could
cap	chance	clever	company	country
captain	change	climb	concert	countryside
car	cheap	clip	condition	couple
care	check/cheque	clock	congratulate	cousin
carrot	child	close	contest	cover
carry	choose	cloth	control	cow
cart	church	cloud	cook	crazy
case	cinema	club	cookie/cooky	cross
cash	circle	coin		crowd

260

	crown cry	culture curious	curtain customer	cut cute	cycle
D	dad dance danger dark date daughter day dead death	decide deep delicious dentist design desk dialogue/ dialog diary	die different difficult dinner dirty discuss dish divide do	doctor dog doll dolphin door double down draw dream	drink drive drop dry duck during
E	ear early earth east easy	eat egg elementary elephant end	engine engineer enjoy enough enter	eraser error evening every exam	example exercise exit eye
F	face fact factory fail fall family famous fan fantastic far farm	fast fat father favorite/ favourite feel fever field fight file fill	find fine finger finish fire fish fix flag flat floor flower fly	focus fog fod fool foot football for forest forever form fox	free fresh friend frog from front fruit fry full fun future
G	garden gate gentleman gesture get ghost giant	gift giraffe girl give glad glass glove	glue go goal god gold good goodbye	grandfather grape grass great green grey/gray ground	group grow guess guide guy
H	habit hair hand handsome hang happy hard hat hate have	he had headache heart heat heaven heavy helicopter hello/hey/hi help	here hero high hill history hit hobby hold holiday home	homework honest honey hope horse hospital hot hour house how	however human humor/humour hundred hungry hunt hurry husband

I	I ice idea	if important in	inside into introduce	invite it	
J	jeans	job	join	joy	just
K	keep key	kick kid	kill kind	king kitchen	knife know
L	lady lake land large last late	lazy leaf learn left leg lesson	letter library lie light like line	lion lip listen little live livingroom	long look love low luck lunch
M	mad mail make man many map marry	mathematics/ maths/math may meat meet memory	middle might milk mind mirror miss money	monkey month moon morning mother mountain mouse	mouth move movie much museum music must
N	name nation nature near neck	need never new newspaper next	nice night no/nope/nay noon north	nose not note nothing now	number nurse
O	ocean of off	office often oil	old on one	only open or	out over
P	paint palace pants paper parent park part pass	pay peace pear pencil people pick picnic picture	pig pink place plan play please P.M./p.m. pocket	point police poor potato power present pretty prince	print prize problem puppy push put puzzle
Q	queen	question	quick	quiet	
R	rabbit race rain rainbow	read ready red remember	restaurant restroom return rich	right ring river road	rock roof room run

S	sad safe sale salt same sand save say school science scissors score sea season see	sell send she ship shock shoe shop short should show shy sick side sing sister	sit size skin skirt sky sleep slow small smart smell smile snow so soccer sock	soft some son song sorry sound sour south space speak speed spoon stand start stay	stone stop store story strawberry street stress strong student study subway sugar sun supper swim
T	table tail take talk tall tape taste teach teen telephone	tell test textbook than thank that the there they thing	think thirst this tiger time to today together tomorrow tonight	too tooth top touch tour tower town toy train travel	tree triangle trip true try turn twice type
U	ugly umbrella	uncle under	understand up	use	
V	vegetable	very	visit	voice	
W	wait wake walk wall want war warm wash watch	water watermelon way we wear weather wedding week weekend	weight welcome well west wet what when where white	who why wife will win wind window wish with	woman wood word work world worry write wrong
Y	year yellow	yes/yeah/yep yesterday	you young		
Z	zebra	zoo			

1년 안에 끝내는 엄마표 영어
초3 전에 파닉스 떼고 챕터북 읽기

초판 1쇄 발행 2022년 1월 15일

지은이 | 정진현

펴낸이 | 박현주
편집 | 김정화
디자인 | 인앤아웃
일러스트 | 김미선
마케팅 | 유인철
인쇄 | 도담프린팅

펴낸 곳 | (주)아이씨티컴퍼니
출판 등록 | 제2021-000065호
주소 | 경기도 성남시 수정구 고등로3 현대지식산업센터 830호
전화 | 070-7623-7022
팩스 | 02-6280-7024
이메일 | book@soulhouse.co.kr

ISBN | 979-11-88915-54-5

ⓒ 2022, 정진현

이 책은 저작권법에 따라 보호받는 저작물이므로 본사의 허락 없이는
무단 복제와 무단 전재를 금합니다.

잘못된 책은 구입하신 서점에서 바꾸어 드립니다.